键盘上的耕耘

——忆恩师卞善仪先生

卞钢 卞萌 编

中央音乐学院出版社

CENTRAL CONSERVATORY OF MUSIC PRESS

·北京·

图书在版编目（CIP）数据

键盘上的耕耘：忆恩师卞善仪先生／卞钢，卞萌编. —北京：
中央音乐学院出版社，2021.10（2025.2重印）

ISBN 978－7－5696－0152－7

Ⅰ.①键… Ⅱ.①卞… ②卞… Ⅲ.①卞善仪—纪念文集
Ⅳ.①K825.76－53

中国版本图书馆 CIP 数据核字（2021）第 175252 号

JIANPAN SHANG DE GENGYUN

键盘上的耕耘 ——忆恩师卞善仪先生　　　　　　卞钢　卞萌编

出版发行：中央音乐学院出版社

经　　销：新华书店

开　　本：A5　　印张：4.25　　字数：107千字

印　　刷：三河市金兆印刷装订有限公司

版　　次：2021 年 10 月第 1 版　　印次：2025 年 2 月第 2 次印刷

书　　号：ISBN 978－7－5696－0152－7

定　　价：58.00 元

中央音乐学院出版社　北京市西城区鲍家街 43 号　邮编：100031

发行部：（010）66418248　　66415711（传真）

卞善仪先生2006年留影

目 录

钢琴教育家卞善仪先生生平

（1937年7月26日—2020年11月18日）

卞善仪先生出生于浙江嵊县（现嵊州市），曾用名：卞善艺。其父卞禥均是一名教师，其母骆杏花是一位贤惠的家庭妇女，他父母有子女6人，卞善仪是最小的儿子，其上有两个哥哥和两个姐姐，还有一个妹妹。他曾就读于浙江湘湖师范音乐班和安徽师范学院艺术系钢琴专业，师从陈琼琚先生。1958年任教于安徽怀宁师范学校，1962年任安庆师范学校音乐教师。1965年结婚，爱人陈贵苗（原是他在怀宁师范学校毕业的学生），婚后生有一女卞萌和一儿卞钢。1980年调入安徽师范大学音乐学院工作直至1998年退休。

卞善仪先生长期从事钢琴教学工作，曾任音乐学院钢琴教研室主任，1986年被批准为全国师范院校最早的钢琴硕士研究生导师。他编著有全套专供硕士生使用的钢琴学术研究资料集成，包括《钢琴及其历史研究》《钢琴音乐作品及历史研究》《钢琴演奏艺术及演奏史研究》《钢琴教育、教材教法研究》，以及供师范学院内部共同课教学使用的《雅马哈便携式电子琴教材》《歌曲伴奏钢琴配弹基础》（共3册），等等。1998年退休后，他赴京从事钢琴教研工作直至2010年。他培养了众多音乐人才，如丁绍潘、陶诚、朱晓敏、翟茜、鲁宁、张旭良、叶键、黄萍、费翔、徐洪、项翙、黄承箱、赵赟韵、潘鸿泽，等等。现在，这些弟子们遍布在神州大地，成为音乐文化事业的专业骨干力量，可谓"桃李满天下"。

图1　卞善仪先生1962年留影

卞善仪先生对学生充满爱心和耐心，一视同仁、平等以待，因材施教、有教无类。他常说："练琴要坚持不断，有时，寒假等于一学期，暑假等于一年。""教师不在时，学生也能被大家公认弹得好，就是真正的好。""钢琴家是没有星期天的人。"他酷爱钢琴，一有空就弹钢琴，离开钢琴如同度日如年。教学对于他就像吃饭、睡觉一样，是每天生活的必做事情。他以教学为乐趣，从不拒绝好学者。他有儿童般的明澈心境，在他身上有某种感化的力量，可以把纯朴人生的喜怒哀乐用内在深刻的音乐语言展示出来。他坚信，人间苦乐能通过心灵的滋润，幻化成为音乐。他坚持真理，对共产主义信念坚定不移，永远沉浸于共产主义理想中，精神上的超现实理想，促使他为人善良、厚道而纯粹。

图2　卞善仪先生1964年在天安门留影

卞善仪先生的教育观与他崇高的共产主义理想是一脉相承的，在他心灵深处充满了世界大同的博爱思想。他干一行爱一行，不仅钢琴教学认真负责，并为其付出一生心血，同时，他对学术研究也异常执着，具有坚忍不拔的精神，且成果颇丰。他做了大量的科研工作，对上千首的车尔尼钢琴练习曲进行了分析并分类，发表有论文《谈车尔尼的历史贡献及其钢琴练习曲作品》，挖掘整理并编著、编注和注释出版了乐谱《车尔尼钢琴每日练习四十课Op.337》《车尔尼100首初级钢琴乐曲集Op.750》《车尔尼钢琴练习曲选集》《车尔尼少年钢琴家基训手册(170首天天练)》《车尔尼25首钢琴小手练习曲Op.748》(实用教学版)等，被业内称为"车尔尼专家"。

图3　卞善仪先生1983年留影

卞善仪先生爱好音乐创作，曾在《乐坛》杂志上发表有歌曲《红辣椒》《小金鱼》等多首作品。1992年他曾到俄罗斯考察音乐教育，对苏联特殊音乐学校钢琴才能教育的探索引人注目，发表有《苏联特殊音乐学校钢琴才能教育初探》《苏俄钢琴学派渊源》等论文。他的译作有《中国钢琴文化之形成与发展》（1996年）和《欧洲音乐史简明一览表》（1985年），与人合编有《钢琴全面训练基础教程》（6册）。以上这些出版物成了中国钢琴学子们的宝贵财富，至今并永远是中国的钢琴学子们的必备教材，他的教学思想和他在钢琴教学领域的实践，成为后代的榜样。

卞善仪先生2011年患帕金森综合征，他坚持锻炼治疗，期间得到老伴的精心照顾。由于长期卧床，他患上了坠积性肺炎，一口痰堵住了气管而停止呼吸，走时没有痛苦很平静安详。

卞善仪先生逝后葬于北京佛山陵园恩泽园一区，此处被人们称为"京郊胜境"，坐北朝南、三面环山，山石奇特俊秀，当钟声环绕山谷之时，鸟兽驻足倾听其音，乃理想的风水宝地。

图4　2010年卞善仪与老伴留影

恩师卞善仪先生百日祭

与人为善，勤奋耕耘；
学西欧经典，习华夏文明；
循七声之向背，遵三音之回转；
黑白键上写春秋，艺术海洋度华年；
饱览典籍博闻强识，撰修卓著发人深省！

艺成风仪，谦和为人；
教百姓子弟，育卞氏英才；
晓习琴之苦乐，知学艺之艰辛；
恪尽职守为师事，呕心沥血事学人；
惠遍皖江筚路蓝缕，誉满神州桃李芬芳！

——弟子张旭良泣奠

2021年2月25日

我的活词典

——我和我的父亲

卞　萌

　　小时候，由于父母两地分居，我和弟弟都是由妈妈和外婆带大的，5岁时才开始跟随父亲生活。当时，父亲是安庆师范学校的音乐教师，每天早晨闹钟一响，爸爸就要我起床，我一般15分钟就穿戴整齐并洗漱完毕，之后就随父亲在校园里跑步锻炼身体。那时我没上幼儿园，一日三餐都是由父亲从食堂打饭回来一起吃，父亲去上课就把门一锁，我则一人在家练琴。

　　父亲常常给我画一个表格，规定必练的曲目，每个乐曲都规定到练习几遍、几分钟，并写有"识谱""弹熟""背出"等要求，还安排有"休息或玩"的时间。对他每一次布置的作业，我可不敢怠慢，因为他上课后回家，一定要检查的。若未按要求完成，他会沉着脸，拍着桌子，大发雷霆，我很害怕。作业都是父亲计划好的，为了训练手指的灵敏，每天计划中的基本练习，包括五指练习、音阶、琶音是必不可少的，在每周一次的表格中会换着调练习。当时的乐谱很有限，只有音乐出版社出的《拜尔钢琴基本教程》、《车尔尼练习曲》（Op.599、849、299）、《小奏鸣曲集》、《巴赫初级钢琴小品》，这些都是父亲自己做学生时练习过的曲目，还有很多乐曲由父亲亲自编配或手抄。因当时没有复印机器，父亲就手画五线谱，并在图书馆抄写乐谱给我练习。父亲将我每周练琴的计划表贴在钢琴旁的墙上，抬头就能看到，我一般都能按照他布置的作业练习，按照他的"计划"严格执行，养成了一种良好的学习习惯。父亲说一不二的精神在我最初的学习时期，深深印入我的心灵。在后来12岁离家到上海读书时，我也能自己制定作息计划，有条不紊地独立学习，我想这是继承了父亲严格自律的精神。

每到周日，父亲就会把一周的作业做个总结。仍然是按早饭前半小时的基本功练习，上午两个半小时弹练习曲和难曲，下午两个半小时识谱练新曲，但这天是他亲自在一旁看着我练习，及时指出要改正的地方并用铅笔做上记号，他会规定好指法，并在钢琴上示范弹给我听。小时候，我手指软，掌关节挺不起来，父亲形象地比喻说："要感觉好像手里握了一个生鸡蛋，抓住它但不能捏碎。"周日的白天我都按照爸爸的计划练习作业，吃完晚饭后的休息时间，爸爸教我下象棋和围棋，打扑克牌接龙，等等。那时，我家住在一个原来种花的房子里，独门独户，我弹琴也不会影响别人。我家房前，还有一颗枣子树和一颗不知名的小矮树，外婆从乡下带来种子，洒在小矮树周围，种子很快就发芽，真神奇，长长的丝瓜藤都会自动地爬上小矮树了。在夏天时，我们爬上小树去摘丝瓜，吃不完还送给邻居，这种美妙的田园生活真是其乐无穷！

6岁时，住在我们同一院里的王老师，当时是安庆市重点小学"红旗路小学"（现在的双莲寺小学）的音乐老师，听说我会弹琴，就专门到家里来说服父亲让我去上学，她说："我家就住在前面，正好上下班可以带她，请放心。我校是市重点小学，校内有一个文艺班，班里的孩子都能歌善

图5　1971年全家福

舞，非常可爱。学校经常搞文艺演出活动，是市里的一个品牌，学校还有一台钢琴，正缺少一个会弹钢琴的学生。我把你小孩带去，先放在班上坐着，这个班上午半天上文化课，下午半天自由活动，活动时她可以在学校的琴房练琴。"爸爸听后，心想："这两全其美的事，哪儿去找？我小孩再也不用锁在家里练琴了。"爸爸立即同意了王老师的建议，第二天我就跟王老师去上学了。当时已经开学一月有余，我跟着去上了一年级。没过几天，学校有一个接待阿尔巴尼亚外宾的演出，学校专门为我定做了一件阿尔巴尼亚式样的演出服，这是我第一次上台演出，弹的是"我爱北京天安门"，

图6　卞萌1972年首次登台演出

4

由父亲根据当时我6岁时手的大小改编而成的钢琴曲。第一次演出很轰动，安庆市文化馆专门将我演出的照片放大挂在文化馆橱窗最醒目的位置，那里是市中心，是大家上下班、看电影、看戏的必经之路。没过几天，安庆市很快就传开了我会弹钢琴的消息，邻居都在夸我，这对我也是一种促进与激励，从此，我练琴的劲头就更足了。

上小学时，我练得最多的是车尔尼的练习曲。记得父亲专门抄写了《车尔尼钢琴小手练习曲Op.748》给我练习，共有25首，这本练习曲后来由安徽文艺出版社1992年出版，责任编辑是蔡正菁老师，后来，又由人民音乐出版社2008年再版，多次重印，直到现在还不时地寄来稿费。这本车尔尼练习曲是如此受欢迎，一方面是因为跨度不大，在七度以内，对于琴童的弱小手指和不大的手掌能给予各种技巧训练，还因为其中的音乐风格多样，好听并适合表演用。通过学习这册练习曲，使我的5个指头与手掌的关系共融起来，让声音的表现力丰富起来，触键的清晰度也明朗起来。爸爸后来发表了有关车尔尼的专业论文，还编注出版了不少车尔尼的乐谱，被业界称为"车尔尼专家"。

我在当时小学的文艺班里，由于会弹琴，被当成必不可少的人物，每次演出都要参加，经常是晚上演出完分得一些水果或几颗古巴糖（当时，古巴与中国很友好）。后来，到了三四年级，我还弹过当时流行的钢琴伴唱《红灯记》，还有一些集体儿歌、舞蹈的伴奏任务，都由父亲编配写成钢琴谱，我在家练练就参加演出了。我还记忆清楚的是，小学时有一个阶段还有"工宣队"入住学校，小学的文艺宣传队走上街头，做各种政治宣传，当时有个叫吴清华的男老师，专门负责用大板车拉着学校唯一的立式钢琴到街头演出的情景。有一次，钢琴横着倒在了地上，把吴老师的腿给砸伤了，学校派人慰问并在橱窗张贴专栏表扬了吴老师舍身为公的事迹。

父亲是当时安庆市唯一的职业钢琴工作者，他还曾与安庆市京剧团合作演出样板戏《红灯记》等，当时的手抄谱被我当作视奏和边弹边唱用。后来，还有《军民鱼水情》《黄河》《战台风》等手抄谱。他很喜爱音乐编配，在杭州时曾跟随金湘先生的父亲学习过，后来又自学和声，常常搞点歌曲和钢琴伴奏的编写。以下父亲的亲笔手抄谱见证了那个没有复印机年代的音乐工作者的艰辛。

图7 《军民鱼水情》手抄谱

我开始学琴时，使用的钢琴是学校放在我家供爸爸备课用的钢琴，后来这一台琴不够大家用了，爸爸说："没钱不吃饭也要买钢琴！"他到处打听到教堂里有一台旧钢琴要处理，就马上找妈妈商量此事，于是家里凑足了50元买下教堂处理的"茂得利"牌钢琴，专门找了马鞍山的修琴王承龙师傅来调琴。王师傅是当时马鞍山有名的调律师，一般是学校半年请他来一次，每次来都住我家。他把琴修理检查一遍，音调得又准又稳，然后把学校的琴又都调一遍，所以，我和弟弟的耳朵也被无意中熏陶成了固定音高。我后来考上海音乐学院附中时，成为班级里的视唱练耳优等生，这与小时候的良好音乐环境，还有王师傅这么顶级的钢琴调律师，以及一个音准的钢琴是分不开的。

　　后来父母都调到安庆市工作了，家里还常常搞小型音乐会式的活动。那时，家里有一个大唱盘的录音机，时常，不是我弹琴，就是爸爸弹琴，或是我和弟弟跟随着录音机或爸爸的琴声唱歌。爸爸还会拉手风琴、小提琴，妈妈会弹风琴，拉二胡。那是我家最欢乐的时光。上小学时，每次放假，父亲都会在学校图书馆借很多书：儿歌、诗歌集、小说等，我如饥似渴地学习，有时连家里人喊吃饭都听不见。那时我会根据儿歌，用五线谱编写一些小曲，唱给爸爸听，并记谱，有一次爸爸在本子上打了90分。我还记得录音的一首儿歌："春风吹红旗杨，大地穿上绿衣裳……"在这样的文艺氛围熏陶下，我们度过了欢乐幸福的童年。

　　大约在我小学快要毕业时，芜湖安徽师范大学的朱予老师来安庆招生，到我家里听了我弹琴并考察了我的听音

（当时他给我出的是上海音乐学院作曲系的考题），他看我都听出后，就给我指了一条路：以后一定要准备考上海音乐学院。

话说1978年《文汇报》上刊登了上海音乐学院附中于"文化大革命"后的首次招生消息，妈妈看到消息后立即打电报给出差在外的爸爸，爸爸接到电报马上从外地赶回安庆市，立刻买好船票带我去上海考试，可到了上海才得知报名已经在前一天截止。后来爸爸向招生办说明了情况，学校就破例给予补报，参加了三轮考试后我被录取了。记得当时我弹了肖邦的《黑键练习曲》，舒伯特的《即兴曲》等，考官还给了我一首油印的新作品：陈铭志先生的《苗岭连北京》作为复试指定曲目。学校安排了两位专业老师对每个进入复试的考生进行了"二对一"的辅导，当时是刘爱贤老师和张育青老师辅导我。我按照老师们所说的要求练习，并一个星期背出来参加复试。回想起来，这种个别辅导，不仅帮助学生理解音乐弹得更好，也是教师对学生接受理解能力的考察，对双方都有益处。在专业复试时，报名表上有一个问题：是否愿意改竖琴演奏？爸爸问我，我坚决地说："不愿意！我要坚持学习钢琴。"就这样，我在"伯乐"——朱予老师的指点下，很幸运地考上了上海音乐学院附中钢琴专业。

考入上海音乐学院附中，我是当时初一年级10个钢琴专业学生中唯一的一个外地学生，其余9个都是上海本地学生。刚到学校，我不懂上海话，别人在说话时，我在一旁待着像个"傻子"，好在琴房里有钢琴，我就总是在琴房练琴。当时，校园在郊区上中路"上海中学"的院里，院内有"文革"时特地为"五七音训班"造的外形很像手风琴风箱的三栋小楼房，那就是我们的琴房。院内有草坪和小河，周末有人在河边钓虾，是一个充满田园气息、富有诗意的地方，学生们都住校，睡上下铺。后来，被上海京剧院占用的房子归还给附中后，我们就都搬到了现在的东平路9号院，那里有被称为"爱庐"的蒋介石和宋美龄曾经居住过的百年老建筑，在此，我又结识了更多的同学和老师。

1982年我在上音附中时，得知校内将举办中国作品演奏比赛，爸爸看到刚发表在《音乐创作》杂志上的黎英海的《夕阳箫鼓》，就赶紧将曲谱抄好，送给刘爱贤老师帮助我准备。手抄谱密密麻麻，尽管刘老师看得头昏眼花，但还是认真仔细地将每个音符帮我辅导得恰如其分。刘老师曾是白俄钢琴家拉扎列夫的学生，她对学生的学习特别关照，每周除了按附中的要求上两次课，还经常给我加课。比赛的前夕，大家都在抓紧时间练习，突然，有一天晚上琴房停电了，我只能摸黑弹奏，但没想到的是：黑暗中，由于没有了视觉干扰，耳朵更加灵敏，手指的触感也变得更加敏锐，我仿佛找到了发现声音的灵感，好像不是我在弹，我仿佛听到另一个人在弹我心中美妙的音乐。在刘老师的辅导下，我的演奏得到全校钢琴老师的赞许，大家都一致认为无论从音乐表现还是音乐意境方面我都发挥得淋漓尽致。第二轮的规定曲目是王建中先生的《变奏曲》，老师们一致推选我作为选手代表跟随作曲家上了一次公开示范课。最后，我获得了演奏奖，奖品是一本人民音乐出版社刚出版的乐谱《钢琴曲五首》。听到老师们的称赞，同班的同学们都来琴房听我弹琴。这是我第一次参加专业比赛获奖，增添了自己在专业上的信心。这与刘老师在中学的4年里给我打下了扎实良好的专业基础是分不开的，令我终生不忘。四年级结束时，刘老师还给我布置了李斯特的练习曲《鬼火》和《塔兰泰拉》。

上附中高中时，有人说我手小，建议我以后最好改作曲。我还跟当时教和声的邓尔博老师学了一年"兴趣作曲班"，每周都要写一首曲子交作业。跟邓老师学习的共有3个人：金桥、赵迎亮和我。当时在音乐界流行一种说法：钢琴学不好就改作曲，作曲学不好就改理论。我放假回家跟爸爸说了这事，爸爸坚定地告诉我："音乐是听的，不是看的。只要能弹出来，手的大小不是问题。"言下之意，是让我坚持学习钢琴演奏专业。

高二时，刘爱贤老师退休，把我交给了时任上海乐团钢琴演奏家尤大淳老师。尤老师是个认真负责的好老师，他给我上课的时间比别人多一倍，几乎要上一个大半天，有时还加课。每次上课我都是抱着一堆乐谱，加上如此高的上课频率，我在高二下半学期便举办了个人独奏音乐会，且曲目都是经典作品，包括李斯特的练习曲《轻盈》《塔兰泰拉》，肖邦的《前奏曲》，等等。正是尤大淳老师——我在钢琴演奏专业上的"转折老师"，使我的琴艺在真正需要提升的岁月有了质的飞跃。尤老师有丰富的舞台演奏经验，也是有责任心的钢琴教育家，他有很多的方法，例如，李斯特的《塔兰泰拉》中的大跳段落，他让我要先估量好距离，连续20遍不错，如果第19遍错了，不算，要重来；白天看谱练习，晚上关灯练习。他希望我能举一反三，勤动脑，善于倾听自己的演奏，对各种风格的作品提出不同的声音想象力。我弹王建中先生的《百鸟朝凤》时，尤老师建议我多在公园、大自然中走走，到有鸟雀声音的地方去感受，去听听。有一次，我上课时弹奏莫扎特的《奏鸣曲》，最后一个和弦刚放开，尤老师就在教室的角落处拍起手来，我不知所措，他说："我不骗你，是真的好，弹得好！"我想，这是老师的自信，这也是给学生的鼓励。尤老师真是一个善于营造舞台气氛的真正艺术家！那几年，我还不时地被推荐参加大学部的星期音乐会演出，经常参加外国专家的大师班公开课，收获了很多演奏经验。1984年我准备考大学时，妈妈问尤老师："大家都说卞萌手小，可能考大学有困难，不知她考大学会怎么样？"当时尤老师说："这么好的学生，去哪里找？"这句话就像一颗定心丸，妈妈永远记得。

考上大学后，我师从林恩蓓老师，林老师的演奏风格是典雅细腻的，她的教学对于我这个喜欢"快"的人，正是一个好的修正机会。她给予我很多的鼓励，教我怎样弹奏莫扎特的慢乐章，怎样获得所弹奏的那架钢琴上最优质的音色，需要更多的倾听，等等。我参加了1984年的全国比赛选拔并获得到国外参赛的机会。当时一起跟林老师学习的有师姐赵晓红和师兄卜劼等。

后来，林老师去澳洲了，我跟随李名强老师学习。李老师当时只教两个学生，我和周依。第一次上课时，他就规定："我布置的曲子，不喜欢也要弹。"我想，这也反映了李老师的教学思想：要有一个全面的专业训练。李老师在钢琴演奏专业方面充满钻研精神，使他在教学中有很多自己的办法：在指法上、对颤音的弹奏上、对踏板的运用上、触键感与声音的想象力上，他都有高过他人之处。后来，我在全国金杯汽车邀请赛和上海国际音乐比赛会上获奖，并成了一个被后来挪威报纸称为"一上台，个子并不高，但坐上钢琴凳开始弹琴，就突然升高了两米"的人。

我们家是在1980年搬到芜湖的，当时爸爸妈妈一起调动到芜湖安徽师范大学工作，爸爸在师大音乐系教钢琴，妈妈在师大附小教数学。大学期间，每次放假回家，父亲都会安排我在安师大音乐系的雅马哈三角琴上开一次音乐会，节目单由他亲自编写，包括作曲家时代背景和曲目介绍等情况。这种形式，一方面使我能有一个演奏锻炼的机会，一方面使他的学生和在安师大的听众也获得音乐熏陶，真是一举两得的事。1987年爸爸还邀请了我在上海音乐学院的专业老师李名强先生到安徽师大举办了大师班并讲课，安徽师范大学师生都异口同声地称赞"获益匪浅"。

父亲的大名，逐渐在芜湖周围扬开，从老家安庆、黄山、马鞍山、铜陵以及省会合肥，都有学生闻声来到芜湖求学。当马鞍山的学生多时，父亲就只身前往当地去教一天，他把教课当成一种乐趣、一种享受，沉浸于其中。爸爸对我说："钢琴家是没有星期天的人。"他收藏有一本涅高兹的《论钢琴表演艺术》，常常告诫我："涅高兹说过，要演奏好钢琴，必须要花费吃完一吨盐的工夫。"对于练习钢琴的时间，他的看法是：寒假等于半年，暑假等于一年。父亲属牛，有股老牛的干劲，不怕苦不怕累，有天生吃苦耐劳的精神，擅长做专业研究的实际工作。他有严谨执着的一面，在学术上坚持捍卫真理，对待学问永远是勤奋刻苦地追求。

对待朋友和学生，父亲总是能够体谅对方，从内心涌现出很多温情，在他的心灵深处常常充满着博爱思想和"人人平等"的理想。所以，与父亲相处较多的朋友们都对他"朴素、宽厚"的为人留下了永远抹不去的深刻印象。而对于自以为是者，他总是不屑一顾地说："不用'对牛弹琴'！"对于遭遇的不公正与误解，他认为：这需要对问题有真正的认知，时间会给出正确判断。

父亲喜欢收音机、录音机、电唱机、唱片和书籍，他常喜欢逛书店和唱片店，喜欢去图书馆，在芜湖、上海、南京、北京、圣彼得堡，所到之处的图书馆都被他翻遍了。搬家时，他把书、乐谱和唱片都一捆捆地包好、放好，从安庆到芜湖，再到北京的家，整理得像一个图书馆。我也受他的影响，到一个地方，总是喜欢逛书店和图书馆。

爸爸的日语不错，翻译过一册《欧洲音乐史简明一览表》，被《乐坛》杂志作为号外于1985年发行。他编写的电子琴教材中的一些由日语而来的中文都是自己翻译的。我在读大学时，当时有关钢琴的资料很缺少，他还把自己翻译的钢琴文献资料做成小册子给我使用，我的钢琴系同学们（包括干部专修班的曹克恩大姐、罗莹大姐等）都来找我借阅、传抄。

父亲1958年参加工作，经过多年的积累，1988年开始招收研究生，是全国师范院校中最早获批的钢琴硕士研究生导师。他在学术理论研究方面有很多想法，编著有全套专供音乐教育专业钢琴硕士生用的钢琴学术研究资料集成，对高等师范音乐教育做出了卓越、有益的贡献。

　　我1990年1月由教育部公派到苏联的列宁格勒国立音乐学院跟随穆里娜教授学习钢琴演奏，每年要举办一场独奏会，并学习重奏与协奏曲，参加班级对外演出等。1991年我又同时在亨托娃教授的班上开始论文写作。当时亨托娃教授让我从两个题目中选择：一个是"肖斯塔科维奇在中国"，还有一个是"中国的钢琴文化"。亨托娃教授曾鼓励我选前一课题，因为她是世界著名的肖斯塔科维奇专家，她已写有16本关于肖斯塔科维奇的书，也迫切需要中国的有关肖斯塔科维奇的信息。于是我同父亲商量，父亲坚决支持我选择后一个课题，理由是：我们中国的钢琴艺术要发展，正需要给予总结、提升。亨托娃教授是著名的钢琴艺术理论专家，写有20多本关于钢琴艺术的书，同时在音乐学院教研究生的钢琴艺术理论课程，这些经验都会带给课题正确的指导。当我把这一想法告诉亨托娃教授时，她说：既然你的主意已定，那就赶快回国收集有关资料。于是，就有了我后来与国内专家的联系，并在1994年10月完成博士论文的答辩。我的答辩是10月17日在圣彼得堡音乐学院的二楼室内音乐厅举办的，提前一个月，学院将论文的文摘提要分别寄给俄罗斯最高授证委员会规定的80多个研究机构和有关部门。（听邮局的工作人员说，苏联时要寄给100多个单位呢！可见苏俄对科研的重视程度多么令人诧异！）我正式的论文放在学校图书馆供大家查阅，电台还有广播通知了答辩时间和内容，很多对课题感兴趣的人都来了，屋内座无虚席，一部分人都站到了门口，来了近百人，18个评委到了17个（一人因故缺席）。当天彼得堡下起了雪，当时主管教研工作的副院长别罗念科先生对我说："今年的第一场雪，迎来了你这学期的第一个答辩会，这是个好兆头，你的幸运开始了！"通过论文的答辩鉴定，专家们一致认为：中国已经存在钢琴学派，中国有自己独特的钢琴艺术，课题将促进研究向更广、更深入的领域发展。到场的有俄国人、英国人、西班牙人、日本人、韩国人和中国人，大家都来索要论文摘要，有中国留学生建议：最好有中文版。

图8　卞善仪先生1992年在圣彼得堡滴血教堂前

由于我当时还有演出任务，就把答辩时用的"文摘提要"翻译后，连同正文一起寄给了远在家乡的父亲，希望父亲能帮助翻译、整理与出版。父亲说他已经很久不用俄文了，但可以试试。没想到他还真行，在我1995年底回国时，他已将论文的中文版搞好了！于是，在父亲的帮助下，1996年华乐出版社出版了中文版《中国钢琴文化之形成与发展》。当我把中文出版的消息告诉在俄罗斯的两位导师时，她们都很高兴并自豪，这其中也有她们的智慧与汗水啊！

父亲那辈人外语学的是俄文（因当时中–苏友好），爸爸曾对我说："我是多么想到苏联去学习钢琴啊！但我无运气，只得休亦！"他在我出生时，给我取名卞尼娜，后来"文革"开始，说不能崇洋媚外，就改成我现在的名字了。当听说学校推荐公派我去苏联学习，他很高兴，还教了我俄语字母的拼读。他后来又自学日文，还曾有译文发表。他的英文也是自学的，一本英文字典都被他翻烂了，直到最近妈妈整理东西时才将破烂英文字典处理了。他曾在1992年到俄罗斯考察音乐教育，他对苏联特殊钢琴才能教育的探索非常引人注目，发表有论文《苏俄钢琴学派渊源》和《苏联特殊音乐学校钢琴才能教育初探》。他在圣彼得堡音乐学院观看我的钢琴演奏导师穆里娜的教学时感叹道："这是很生动形象的示范教学，真正优秀的钢琴表演艺术！你一定要好好学习，把精华学到手！"穆里娜教授后来分别在2001年、2013年、2016年和2018年4次访问中国，在北京、天津、武汉、上海和广州举办了音乐会和大师班教学示范，所到之处都广受欢迎。

父亲在我附中、大学、研究生出国留学的学习中，以及后来的工作中，一直都没有缺席过。他为我获得的成绩而骄傲，也为我经历的挫折而伤心，我在专业上的问题，只要告诉他，他总是能解答，简直就是一本"活词典"。无论我是在国内或异国他乡，我的事业总是有他默默地陪同，特别是我在俄罗斯时，正好赶上苏联解体时期（1991年），每个星期我都能接到他的书信或一次越洋电话，真是可怜天下父母心！总之，他是我事业上的坚强后盾，父爱一路的伴随与激励是我一辈子的幸福。在《中国钢琴文化之形成与发展》的书里，在《钢琴全面训练基础教程》的六册乐谱中，都凝聚了父亲的心血与汗水。在编选《钢琴全面训练基础教程》时，由于爸爸对中国作品最了解，所以选得也最多，有大约1/4的曲目是中国作品，这套教程成为中国人编写的钢琴教学初级阶段运用"母语教学法"最早的系统教材。在这套教程中，我们将选用的车尔尼练习曲都编了曲名，以启发学琴者的想象能力，有利于学琴者对音乐意境的理解及表达。

大约在1998年时，我在准备音乐会，作曲家汪立三先生路过北京，来家里指导我《游击队之歌》。他与我的爸爸谈起音乐专业上的事，俩人真是遇到了知音，打开了话匣子，一发而不可收。他们特别是对待生活中的不公正及某些社会现象有很多同感，在谈到怎样用音乐再现生活、表现理想时，又是一拍即合。

时间就是公正的评判师，记录下了父亲卞善仪先生的工作和业绩。1998年上半年，父亲从安徽师范大学音乐学院退休后来到北京，继续为钢琴专业与普及教育做着应该做的事，直到2010年。到北京后，他还自学了电脑操作，由于他的浙江口音影响了普通话发音，他打字很不方便，把一本汉语字典都翻烂了。他还自学了中音电脑打谱、MIDI制作等，对各种型号的电子琴使用操作进行日文翻译，真是"活到老学到老"。

在"润物细无声"的教学领域默默地耕耘，在充满未知的学术领域不断探索，父亲以身作则，亲自示范。他兢兢业业、任劳任怨为中国钢琴教育打下的优良基础，为中国钢琴事业的辛勤付出及贡献，将永远铭记史册。父亲的"严格自律对己，朴实宽厚待人，刻苦严谨为学"的精神永远是我们后辈的榜样。

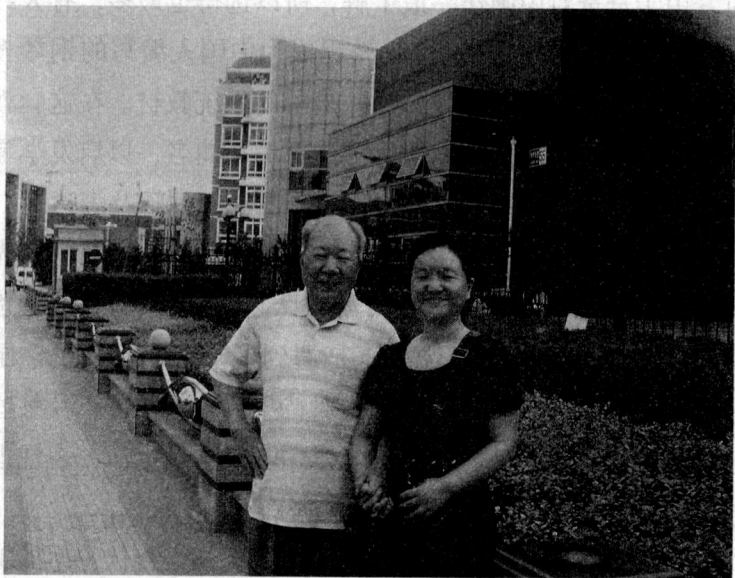

图9　2006年卞善仪先生与女儿卞萌

（作者单位：中央音乐学院钢琴系）

传道授业　玉汝于成

——忆我心中的恩师卞善仪教授

陶　诚

2020年11月24日，一个灰暗阴冷的上午，我来到八宝山兰厅辞别老师，悲痛之情难以言语。转眼老师驾鹤仙去已有数月，但他曾经的教诲、曾经的音容笑貌，以及我曾经与恩师一起的往事和难忘岁月，不断浮现在眼前，萦绕在脑海里，挥之不去，思绪万千……最终意识到，卞老师已是我珍藏在心底里的永远记忆了。

我的启蒙老师

记得第一次见到卞老师，大约是在1978年春天，一个周末的下午，父亲（卞善仪老师的大学同班同学）带我从下枞阳码头乘轮船到安庆（一座美丽的江南小城，曾经是安徽的省府，也是历史文化名城）拜师。在长江上乘小轮经历了约两个半小时左右后，远远看到迎江寺振风塔，那是古城的标志性建筑。下了安庆码头，我们径直来到安庆师范学校，

19

这座学府前身是创立于1652年的"敬敷书院"（原名培原书院，后又改称安徽大学堂、安徽高等学堂、安徽政法专门学校等），安庆师范学校的现址是1897年移建的。文学家郁达夫曾经在此担任教员，写下了多部小说（如《迷羊》《茫茫夜》等），其中不少内容是描写安庆这座小城的故事和景色。进入安庆师范学校，在校正门广场西边有一栋独门独户的平房，隐隐约约传来钢琴声，我顺声而去，看见一位娇小的女孩儿在西式老钢琴上弹奏着熟悉而又美妙的音乐（后来知道，那是卞老师的女儿卞萌在弹王建中的钢琴曲《山丹丹开花红艳艳》），悦耳的钢琴声、优美的旋律一下子吸引住我，我从未听到过如此美妙的声音。多年过去了，那情景还深深印在我的脑海里，一直没有忘怀。

到了卞老师家，寒暄之后，卞老师听我弹了几首曲子，并没有说什么，就给我布置了两首曲子（好像是中国小曲子），让我马上学会。记得就在他家附近的一间教工宿舍里（一栋灰白色楼房的底层，靠近大门口的一间房里，放了一架国产老钢琴，还有几架旧风琴），用了大约一个下午的时间，我硬是勉强连起来了，接近傍晚时分，卞老师来检查作业，他好像还算满意，给我讲了许久，最后给我布置了大量作业，如：哈农、拜厄、车尔尼Op.599等作业，让我回家后按照要求练，至此，我大概算是真正意义上开始学习钢琴了。

后来我陆续去安庆跟卞老师上课、回课，在我印象中，卞老师上课时话语不多，轻声细语，好像很少用语言表扬我，微笑就是最好的肯定，但他也从不会批评我，语言总是平和的，不会激动，更不会动怒。每次去安庆回课，我都是如饥似渴，仔细聆听老师的教诲。到了吃饭时间，卞老师的夫人、清秀美丽的女主人陈老师留我一起吃，在平房的中间厅堂里大家围坐在一起，陈老师不容分说地给我碗里夹菜，令少年的我忐忑不安、诚惶诚恐。很快，卞老师的儿子卞钢和我交上朋友，他像小弟弟一样跟着我，喜欢让我给他讲故事，为此，我还特意看了一些故事会的书，编撰一些故事，绘声绘色讲给他听，甚是融洽。这样的情景一直持续到我快要高中毕业，准备参加高考。

在跟随卞老师学琴的过程中，我开始关注起老师，从老辈（他的老同学们，如安徽师大的倪保兴老师、李丽丽老师，我的父亲等）的口中陆续得知一些卞老师的经历。

卞善仪（或"卞善艺"），浙江嵊州人。读大学前，已经毕业于浙江省湘湖师范学校，这是一所历史悠久的艺师（中师），是陶行知先生继创办南京晓庄师范学校后，于1928年受浙江省教育当局所托，直接参与创办的第二所乡村师范学校，有"浙江的晓庄"之称，1933年改为"浙江省立湘湖乡村师范学校"，1953年改为"浙江省萧山师范学校"，后叫"浙江省湘湖师范学校"。1956年，在芜湖的安徽师范学院艺术科向全国招生，招收了30多名学生，有来自江苏丹阳艺师的吴葆华、陈凤翔、束明成等，有来自四川的盘登贵（又名盘石，马鞍山音协主席），还有广西的胡震（担任过安徽省音协书记），浙江的腾英盛（嘉兴音协主席）、安徽歙县吕玉姣等（详见"安徽师大艺术系58届同学通讯录"）。作为是吃"国家饭"的师范生（在校期间，国家给予生活费），

1958年他们毕业的时候，都是由国家统一安排分配，且只能在教育系统。这届学生中的4个人分配到安庆地区：盘登贵分配到东至师范、陶宜贵分配到枞阳师范、卞善仪分配到怀宁师范、方绍廉分配到贵池师范。后来怀宁师范和安庆师范合并，卞老师留在了安庆师范（今天安庆师范学院前身）。

听老一辈人说，学生时期的卞老师性格内向，喜欢独往独来，与世无争，但学习非常用功，练琴刻苦，上大学前他就已经有了一定的基础，所以琴弹得比一般同学好。当时受社会环境影响，各种政治活动、集体学习、会议等，比比皆是，社会潮流推动同学们大都参与其中，唯有卞老师保持一份清晰，躲进小楼成一统，利用大学短暂的时间，如饥似渴地学习，大家要找他，都知道一定在琴房里。

卞老师是一个有心人。"文革"时期，社会动荡，各地兴起破"四旧"运动，小城也出现大游行、毁文物、砸教堂等情况。大学毕业后的卞老师一如既往地抓紧时间钻研业务，两耳不闻窗外事，但有关音乐方面的信息，他却非常灵敏。当地教堂有一台破旧不堪的国外旧钢琴无人问津，他听说后反应敏捷、如获至宝，迅速买下（据说是半卖半送），找来一名从上海钢琴厂下放到安徽的修琴师傅将这台钢琴翻修一新，修好的钢琴琴声悦耳动听，琴键纯正象牙白，琴样古色古香，即便是今天，这也是一台人见人爱的乐器精品，不可多得！

在这台精致优雅的钢琴上，卞老师实现他的理想追求和事业延续。他将积累多年的心血，倾注到女儿卞萌（现中央音乐学院钢琴教授、圣彼得堡音乐学院钢琴演奏和艺术学双博士）身上，手把手、一点一滴地培养，他的第一个教学成果很快"小荷露出尖尖角"，卜萌成功地考取上海音乐学院附中钢琴专业，在那个年代，这是多么了不起啊。

我的大学导师

1980年初，在卜老师的指导下，我积极备考。记得那时的艺术招生考试是要进行3次专业面试的，初试是由学校成立招生组分片到地方进行。当年来安庆的招生组是由安师大艺术系的李学韩、倪保兴和卜善仪3人组成，在专业初试时，我弹奏的是卜老师帮我选定的曲目，一首练习曲（车尔尼Op.740）、一首中国乐曲（孙以强的《送红榜》）、一首奏鸣曲（贝多芬的《悲怆》第三乐章），演唱曲目为冼星海的《二月里来》。后来我又去芜湖参加专业复试，文化课参加全国高考，最终，以第一名的成绩上了安徽最高艺术院校——安徽师大音乐教育钢琴专业。在安师大艺术系80级30人的音乐班里，我是其中年龄最小的学生，与最大的同学相差10多岁，这个班也是安师大高考恢复后的第三届本科班。"文革"期间，高校停止招生，1975年才开始招收推荐上大学的工农兵大学生，到1977年恢复高考开始，76届的学生还没有离校，77、78届因积累太多优秀的生源招超了，以至于校舍、教师等条件跟不上，1979年不得不停招一年。1980年9月，我进校后的第一位钢琴老师名叫丁诚之，她是上海下放到安徽的知青，也是推荐上大学后留校的一名青年老师，在她的悉心指导下，我的钢琴学习得到进一步的规范和提高，大学二年级时，她调回上海，后来得知她在上海市少年宫工作。恰在这个时候，卞老师作为全省突出优秀专业人才调到安徽师范大学艺术系，自然，我又回到卞老师的身边。大学4年是人生的关键时期，人格的塑造、世界观的形成、扎实的基本功和知识系统的建立，都是在这一时期基本完成的。作为卞老师的钢琴主科学生，他的言传身教，使我终身受益。在我记忆中，当年我们是一周一次钢琴课，卞老师好像在4年里从没有缺过一次课，即便他有事也都找时间补回，延长上课时间却是常有之事。每每上课，卞老师总是提前到琴房，先在钢琴上弹奏一些曲子，当我听到他在弹奏一些新曲子时，我就知道这可能是我的作业了，既惊喜又兴奋。授课中，卞老师总是端详地坐在我的身边，耐心地听完我的作业回课，中间很少打断我，有时片段没有弹好再弹一遍，卞老师也是会意一笑。听完后，卞老师总是带我仔细分析作品，指出演奏中的一些关键问题，提出新的要求，课堂里所讲内容都是金玉良言，我感觉每节课时间都是过得飞快！每次课后生怕遗漏知识，我会赶紧记下来，这使我养成了做笔记和记日记的习惯，几年下来，仅钢琴课后笔记就写满整整几本笔记本，保留至今。1984年7月，到了毕业季，作为师范生，同学们同样奔赴全省各地的教育行业，唯有我留校任教了，安排在钢琴教研室，成了卞老师的小同事，一边担任教学和其他工作，一边继续跟卞老师学习、观摩。这段时期，卞老师生活相对稳定，年富力强，几乎所有的时间都是忙于教学及相关事宜，上班上课，二点一线。在我印象中，他家里的事基本都是陈老师包揽，可能是卞老师的夫人太贤惠的缘故，卞老师好像在生活方面的事上有点弱。平时在系里，卞老师言语不多，加上他讲话乡音较重，所以总是微笑听别人说得多，从不发表高谈阔论。即便是闲谈中，他也是鲜少谈及校外之事，每每说到社会上的一些现象，他觉得既新鲜又若有所思，表现出一副过去传统知识分子"两耳不闻窗外事，一心只读圣贤书"的可爱样子。1986年，安徽师范大学音乐系（艺术系已发展为音乐系和美术系）率先获批在全国招收音乐教育类硕士研究生，卞老师作为全国高等师范院校第一批钢琴演奏及教学法研究方向的硕士研究生导师开始招收研究生了。在卞老师的悉心指导下，经过几番专业考试和全国研究生公共课（英语、政治）考试下来，1988年9月，我被正式录取为安徽省第一个钢琴硕士研究生。在3年的在职研究生（不脱产，还兼职一些教学和其他工作）学习生涯里，我继续跟卞老师上课。卞老师亲自编订教学大纲，亲手书写，钢笔字体工整有力，甚是好看，如《钢琴研究生教材教学法研究纲目》等；他还带我参加、观摩全国重要活动，如国际钢琴选拔赛等，推荐我去上海音乐学院谭冰若老师家里上《欧洲音乐史》和《音乐学》课程，（这两门都算学位课程成绩）；还请上海音乐学院李名强教授指导我弹奏，等等，卞老师对我悉心的帮助和培养，令人难以忘怀。到研究生后期，卞老师亲手修改我的硕士论文《论高师钢琴教育》，亲笔整理我的硕士研究生学位论文提要，精心帮我设计毕业音乐会弹奏曲目，从不同时期、不同风格、不同流派的中外作曲家和作品中选出具有代表性作品，最终确定为：1.肖邦《C大调练习曲》（Op.10 No.1）；2.斯卡拉蒂《f小调奏鸣曲》；3.斯卡拉蒂《C大调奏鸣曲》（Op.159）；4.孙以强《春舞》；5.肖邦《降E大调带引子的华丽大波罗乃兹》（Op.22）；6.李斯特《f小调高级音乐会练习曲》；7.黎英海《夕阳箫鼓》；8.莫扎特《降B大调奏鸣曲》（K.570）；9.格什温《蓝色狂想曲》。卞老师的第二个钢琴研究生翟茜用双排键电子琴给我协奏，现在浙江音乐学院的王瑞帮我整理谱子。1991年6月10日下午，我在安徽师范大学音乐系举行了硕士研究生毕业独奏音乐会和硕士论文答辩，周荷君教授（安徽师大）、郭惠英教授（南京师大）等校内外教授共同组成评审组进行评审，大家对卞老师的硕士研究生培养工作和教学业绩给予高度评价和赞扬。

我的良师益友

改革开放中期，全国掀起学琴热。当年不少"上山下乡"的知识青年回城后，生活质量不断提高，具备了一定物质条件时，都会不约而同地让孩子学习钢琴或乐器，仅上海就号称有10万琴童。安徽也不例外，许多家长带着孩子慕名求师，从全省各地上门找卞老师求学、求指导。在休息日，卞老师的琴房门口，经常是门庭若市的情景，一整天下来，非常疲惫，十分辛苦，但卞老师还是保持着和蔼可亲、温良恭谦的样子。

卞老师是中国最早关注钢琴基础教学的老师之一，特别是在教材使用和选择上非常有建树，见解独特。他在担任我的钢琴导师时，就带着我从整理车尔尼的系列教材入手，收集和研究不同国家、不同时期、不同教育家、不同特点的钢琴系列教材，从中进行比较研究。他有意识地将不同训练技术目的曲目在教学中进行应用和实践，积累了非常丰富的经验，教学效果非常明显。后来，他不满足于一种或几种风格教材的局限，开始自己编写，出版并形成自己独特的教材系列和体系，如《钢琴全面训练基础教程》等。

卞老师以身作则，率先垂范。他工作任劳任怨，教学认真负责，担任钢琴教研室主任多年，威望很高。工作中，他总是先人后己，善解人意，挑新琴、选琴房时，让别人先选，分配好学生时，让别人先要，对老教师尊重照顾，对青年教师关心提携，有问题总是温文尔雅地、操着浓厚浙江乡音和人商量，从未红过脸。每年给新生安排钢琴主课老师是个"技术活"，很容易产生矛盾。卞老师非常细心周到，认真听取大家的意见和建议，协商解决，实在困难了就自己克服解决，所以他的工作量非常大。这种多年如一的作风和与人为善的态度，获得大家一致赞美。

图10　陶诚与导师卞善仪先生

卞老师关爱学生，提携后辈。我留校后作为青年教师还兼任84年级音乐班的班主任（当年安徽省教育厅要求高校青年教师至少要担任一届辅导员，这个班里的同学有：上海音乐学院的余丹红、绍兴文化局的金一波等），他经常教导和提醒我，教我如何带学生，如何开展活动，如何做好学生的思想工作等。学生们经常会开展一些活动，特别是专业性的学生音乐会、演奏会等，每每请卞老师光临指导，他都不好意思推托，只要时间合适总会抽出时间出席并进行辅导，深受同学们的爱戴。高年级的同学、一些青年教师喜欢请卞老师辅导，他都会安排一定时间给予指点，讲解过程中总是非常耐心，带着商量的语气，诚心诚意地。在开展教研活动时，他毫无保留介绍自己的教学经验，对教研室的老师们进行传帮带，老师们和同学们都很尊敬他！

　　1992年，全国改革开放风头正劲，孔雀东南飞。高校也开始思潮萌动，当时高校钢琴教师岗位非常缺，教学任务非常重，每个人工作量都很大，我有心"南下"却因为一些课程任务而脱不开身。卞老师获悉后，鼓励和支持我走出去，原本已经很忙的他，主动帮助我承担一些教学任务，解决了我的后顾之忧。

　　1994年3月，我离开安徽芜湖到了广东广州，调到华南师范大学音乐系工作，安徽师大积累的教学和工作经验使我很快适应新的环境，努力工作同时不断取得进步，走上了领导岗位。2000年底，因工作需要，我离开了教育系统，主政广州的文化工作，忙于繁杂的行政事务，后来听说卞老师离开芜湖，来到北京定居，我虽也常来北京公干，但很少与他见面。再后来我调到原文化部工作，也经常打听卞老师的情况，得知他儿女也都在北京工作生活了，全家团圆，其乐融融，真心为之高兴。直到听说卞老师身体有恙，又唯恐搅乱其平静的生活，我没能再和恩师面叙，留下了永远也弥补不了的终身憾事！

与改革开放时间同步，我和恩师卞善仪教授结下了17年的深厚友谊。他对我的帮助，对我的恩惠，对我的宽容，对我的教导，点点滴滴，无以言表，唯有感念在心。

回首恩师一生，人如其名。一个"善"字实至名归。他不善言语，不善世故圆滑，却是一名善良正直、性情温和、与人为善的人。他善于钢琴艺术，善于授艺育人，至今桃李满天下，他是我国不可多得、身正学高的良师名家！

（作者单位：中国歌剧舞剧院）

皖江钢琴教育的开拓者

——怀念恩师卞善仪先生

朱晓敏

庚子年末惊悉恩师卞善仪先生逝世，顿觉青天昏暗，树木垂立。卞老师的面影一再浮现在眼前，当年他耳提面命地谆谆教导犹在耳畔，令我泪眼婆娑。

仔细想来，不仅我的音乐之路起自卞老师，整个皖江地区（即长江流域安徽沿江地区：安庆、池州、铜陵、芜湖、马鞍山等地）以及合肥的钢琴教育都受益于卞善仪这样一位孜孜以求的钢琴教育家。这是公认的史实。

卞老师生于浙江嵊县（现嵊州市），1958年毕业于安徽师范学院艺术系钢琴专业。那时候皖江地区的安庆，钢琴教育近乎一片空白。卞老师20世纪50年代

图11　朱晓敏

下放安庆怀宁地区，60年代起任教于安庆师范学院，像一粒钢琴种子播撒在皖江大地。那时候人们并不知道卞老师存在的意义。但回过头看，作为皖江地区钢琴教育的先驱者，卞善仪先生的存在就意味着高雅音乐之根的存在！经过他的艰辛开拓与劳作，培养出一批批得意门生，又将钢琴艺术进一步播撒开来传承下去，才有60年之后皖江地区今天钢琴教育如此普及的繁荣局面。

我最初是喜欢手风琴。20世纪70年代中期，在小学文艺宣传队拉手风琴，四处演出。在一次文艺活动中，看到一个比我小的女孩钢琴弹得如此好，顿生羡慕之心，便开始打听她是谁。这才知道她是卞老师的女儿卞萌。父亲发现我对钢琴感兴趣，便几经周折找到在师范学院任教的卞老师。第一次见面，卞老师给我的印象是和蔼可亲，他并不威严，说起话来轻声慢语。他知道我有键盘演奏的基础，很乐意接受我做他的课外学生。我似乎是他在社会上所带的为数不多的学生之一，这一点令我至今感到骄傲。在他正规而严格的指导下，我开始从最初的基本功起步，寒来暑往练琴不止，相当刻苦，为的是回课时能得到老师的一声赞语。当然，有时我也免不了受到批评，这促使我更刻苦地练琴，把卞萌当作学习的榜样。后来我考入安徽黄梅戏校就读，学的也是键盘专业，每日在琴房练得更刻苦了。令我难忘的是，卞老师的敬业、认真和耐心，对学生循循善诱，因材施教，这些对我后来的音乐职业教育生涯大有影响。而师母陈老师总是关心我，嘘寒问暖，把我当作家里人，叮嘱我慢慢来，不必急。现在回想40多年前的其情其景，仍暖流涌动，不能自已。

后来卞老师调往芜湖安徽师范大学艺术系，担任键盘研究室主任，成为该校钢琴教育的中坚力量。这时我也从戏校毕业并留校做了老师，并有幸在1983年考入安徽师大艺术系进修，再次成为卞老师的学生。真的太幸运了。大学学习开阔了我的眼界，同学之间相互切磋，学习氛围浓厚，而我苦练基本功不时受到称赞。这一切太难忘了。毕业时系里举行首届"中国钢琴作品比赛"，我拿了一等奖。我记得当时弹的曲目是王建中的《军民大生产》。这首乐曲是作曲家改编的四首陕北民歌钢琴变奏曲之一，和弦果敢、飞旋，变奏纷呈，技巧复杂而丰富。这对我无疑是挑战，也是4年学习的最好总结。在备赛这段日子里，卞老师对我多次悉心指导，使我对这个作品有了深刻的理解。在比赛中我把握住了这部作品的内涵与风格，在西洋乐器多声旋律与中国审美情趣之间找到契合点，整个演奏一气呵成，作品塑造的威武刚强的边区军民的形象跃然而出，获得评委的一致称赞。

我深知，这一切都要归功于恩师卞善仪。没有他，不可能有我的钢琴启蒙和深造，也不可能有我作为钢琴教师的职业生涯；还有他的淳朴、良善、踏实和兢兢业业，都深深地影响了我。毕业后，我与卞老师依然保持着密切联系，聆听他的教诲。尤其我在获知他成为全国师范类最早的硕士生导师，并编有全套专供硕士生学习的钢琴研究资料集成时，发自内心地敬佩赞叹。

这么多年来，卞老师不仅是一位优秀的钢琴教育家，培养了众多散布在全国的弟子，而且他还是一位勤于思考、乐于研究的钢琴教育探索者，编著了大量钢琴教育的教材。早在20世纪末，卞老师就花了大量的时间对车尔尼的数千首练习曲进行分析与分类，编注两册一套的《车尔尼钢琴练习曲选集》，以及一本《车尔尼少年钢琴家基础手册（170首天天练）》（人民音乐出版社出版），为我国钢琴教学提供了丰富的教材来源，做了不少人想做却来不及做或者做不了的好事，真乃功德无量！在书的前言中，周广仁教授如此评价："卞教授所做的工作其特殊价值在于，新选的练习曲弥补了过去我们所熟知的车尔尼练习曲类型之不足，使课题更加多样，补充了歌唱性训练的素材并重视了左手训练。在进行技术训练的同时，我们切不可钻单纯技术的死胡同，不要忘记训练技术是为了更好地表现音乐。声音的优美，旋律的歌唱性与手指的灵活性都同等重要。"后来我还拜读到卞老师发表在学术期刊上的音乐论文多篇，如《谈车尔尼的历史贡献及其钢琴练习曲作品》《苏俄钢琴学派渊源》，以及译著《中国钢琴文化之形成与发展》，等等。

我从安师大毕业后，一直从事钢琴教学。我的女儿北鸥从星海音乐学院附中到上海音乐学院钢琴系本科，直到中央音乐学院钢琴系硕士研究生阶段，始终得到卞老师、师母陈老师、卞萌老师的关爱和指导，使她健康成长，受益终生。

60多年过去了，沧桑变迁，当年安庆钢琴教育几近空白，而如今钢琴教育遍地开花，琴行也如雨后春笋。我带的学生不少在省级、国家级比赛中获得大奖，更多的人考取了全国艺术院校，我为他们感到自豪，也为自己感到欣慰。近年来，我受聘担任安徽省钢琴协会副主席、中国音协考级评委、省内钢琴大赛评委，并作为主编出版了《钢琴》（上中下册）教材等。为学校、为社会的音乐教育尽自己的绵薄之力，而这一切的最初源头，都要归功于恩师卞善仪先生！

皖江浩浩汤汤，奔流不息。卞老师堪称皖江之子，他活在高山流水之间，并将在琴声悠扬中永生！

2021年元月泣笔

（作者单位：安徽黄梅戏艺术职业学院音乐系）

谢师恩　缅先生

——怀念我的恩师卞善仪先生

翟茜

　　2020年11月18日，一个普通的星期三，我的恩师卞善仪先生于北京仙逝。听闻噩耗，顿感悲痛，老师那慈父般无私地关心与照顾学生的样子，每一次课堂上严肃而认真的谆谆教诲，都一幕幕在脑海中浮现。

　　先生卞善仪是一名钢琴教育家，他一直心怀"要给社会留下点东西"这一平凡而伟大的想法，至今已为这个社会留下众多属于他的作品和成就，出版有《车尔尼钢琴练习曲选集》《车尔尼少年钢琴家基训手册(170首天天练)》等钢琴教程10余集，发表《谈车尔尼的历史贡献及其钢琴练习曲作品》《苏俄钢琴学派渊源》等论文多篇。在教学方面，培养出众多钢琴教学与钢琴演奏的人才，先生的学生遍布全国，大都从事钢琴演奏和相关教育工作。

　　我自幼先是学习琵琶，后改学钢琴，卞老师是我的钢琴启蒙老师，在我10岁时开启了钢琴学习之路。后来我考进安徽师范大学音乐系就读本科，继续跟随卞老师学钢琴，承蒙先生厚爱，在先生的指导和自己的刻苦努力下，荣获1990届安徽省优秀毕业生，并免试保研成为先生当年唯一招收的研究生，更有幸成为安徽省第一位钢琴女研究生，专研钢琴演奏和教学，在先生的门下悉心学习。4年的大学生活和3年的研究生生活是我学术生涯最重要的7年，也可以说是为我一生理想、职业和学术奠基的重要时期，而先生则是这一时期对我影响最大的人。

受家庭影响，自己从小喜欢音乐，学习钢琴更是心之所向。但不得不承认我的手小是学钢琴的不利因素，一定程度上影响着自己的钢琴学习和演奏，甚至一度有些焦虑，都有过想放弃的时候。每每在学习提升钢琴演奏技能一筹莫展之际，卞老师总是让我的手放在钢琴上去感受，并在弹奏时对我的指法、触键等方法认真细致观察，针对我弹奏时出现的问题提出各种适合我的解决方法，同时让我仔细观察他弹奏时手腕的运动和放松，老师用他独特的教学方法调整我的弹奏方式，在先生极具耐心、一遍遍悉心指导下，我渐渐地突破了钢琴学习上的一大瓶颈。记得在本科期间，我一样有着十几岁孩子，或者每一个大学生多少都有的偷懒或懈怠，先生总是不厌其烦地盯着我，明示或暗示，让我的心回到琴房里，回到学习上，回到练琴上。此后在读研期间，先生给予我的帮助更是数不胜数。安徽师大音乐系要求研究生既要有硕士毕业论文，还要开两场专场音乐会，而这些都需要导师更多地辅导和付出。老师的每一次授课，每一次指导，直至现在每当我坐在钢琴前，自己作为老师教学生时都记忆犹新。老师对我的指导具体到怎样着装、上台、行礼、坐姿、演奏中的姿态，等等，还细致地指导我的每一次练习、每一次彩排。记得老师总告诉我，在拿到曲子一开始识谱的时候就要看仔细，并且按照谱子上的每一个强弱符号来做，不然等正式演出和上台时便会因为紧张而回到一开始不熟练的状态……正是在老师的谆谆教诲下，我不仅顺利完成了研究生学业，并在读研和工作期间撰写了10余篇学术论文，发表在相关学术杂志上。2000年我调到南京师范大学音乐学院工作，在教学过程中我几乎是把先生教我时的方法直接复制或克隆，用以教我的学生，用以指导我的研究生。同时，受先生对业务"学无止境、精益求精"的精神影响，我在很繁重的教学之余，出版了《儿童的成长与音乐学习》等3部个人专著，这些成绩都离不开先生当年的严格要求和不断激励。

过往种种皆是回忆，每每回忆先生，最常出现的画面便是先生上课时严厉的面孔和下课后的温情。每一次我上课弹奏时，不管好与坏，先生都保持着平和的态度，和蔼可亲，但无形中自有一股威严，以至于我现在弹琴时脑海中不自觉地浮现出先生的面孔。先生的博学时时浸润在他的教学中，每次去上先生的课我都不敢有半点松懈，注意力非常集中，生怕遗漏任何知识。先生的音乐听觉极为敏感，对音乐有很高标准，一个小节甚至就要抠很长时间。他对每首乐曲的处理更是精准到位，鲜活灵动，总能准确地抓住乐曲的灵魂。每次先生弹奏时，都能紧紧抓住听众的心，听众的情绪会随着乐曲的高低起伏、轻重缓急、喜怒哀乐而变化。此外，先生还多为学生思考，为学生积极争取机会。在读研时期，我曾有幸在先生的引领和推荐下前往中央音乐学院和上海音乐学院跟从名师学习达两个月之久。先生对于学生的关心从学习到工作再到生活，方方面面、点点滴滴，学习中他是严师，工作中他是前辈。他热爱自己的事业，不曾离开自己热爱的讲台和舞台，无论是在讲台还是舞台上都一如既往、风采依旧，绽放着艺术光芒，在他的琴声里听到的不仅是音乐，更多的是人生态度，是积极乐观地对待生活的每一个阶段，坚持做自己喜欢做的事情，不为名利，只为心中高雅的音乐，只为内心里对音乐的挚爱。

作为江浙人，先生教学上有着特有的细心、细致，他非常善于激发学生的上进心，说话很精巧，刚中带柔，柔里有刚。他一般不当着学生面表扬，却经常私下里借助别的老师的话巧妙地夸奖学生。在先生的课上，他常常为我讲不同的大师的优秀品质和学术成果，以此来不断激励我努力学习。先生还时常教育我要勤奋、做学问要扎实，真就是真，不可就是不可。在多年跟着先生学习的过程中，我真正悟出了"传道授业解惑"的表层含义和深层价值，我更学习到了先生的授课经验，这正是今天我自己当老师最为宝贵的财富。此外，先生还教导我做学问要严谨求实，在做学问的过程中对知识要有敬畏心，对研究要有平和的心态，要坐得住"冷板凳"，不要急于求成，更不能弄虚作假。同时，他教育我要注重理论与实践的结合，学术研究要有开阔的思路、开放的思想，要懂得"百花齐放、百家争鸣"，要学会取长补短，要学会尊重任何流派、任何人的学术成就和作品，要抱着学习的心态去接纳和吸收。他教育我们弹奏曲谱的第一时间先不要急着直接上手去弹，而是要学会认识作曲家的创作背景，尝试知晓作曲家想表达的是什么，只有深刻地体会作曲家的认知风格、创作背景和此时此刻的情绪情感，才能更好地把曲子的意思和境界演奏出来，才能抓住听众的耳朵、牵动听众的心，引发共鸣。正是先生一次次、一遍遍地给我讲音乐、说技法，帮助我从理论上认识和理解作品，从技法上演奏和表现作品，提高我的艺术境界和表现深度，所以才有了我今天当教师的驾轻就熟、得心应手。感谢先生！

薪火相传，传的是火，承的是薪，火点燃了薪，使其在燃烧中发出光明和热力，先生用他的光芒照耀着我。先生不单单在钢琴学习和演奏上给予我极大影响，也为我展现了一位好老师应该的模样。先生对我的影响从学生时代一直持续到今天，如今的我也从事教育工作近30载，过往先生对我的种种指导和教育我都谨记在心，并都无一不体现在自己身为老师的教育工作中。先生教书育人的理念我始终坚持贯彻在教学工作中，竭尽所能地发挥自己的特长。我从事钢琴教育工作，培养了一批又一批热爱师范教育、热爱钢琴、热爱音乐的孩子。我想，这在某种程度上也是在延续着我与先生的"琴缘"吧。

有人说，人生有三大幸事：上学时遇到一位好老师，工作后遇到一位好领导，生活中遇到一位好伴侣。我与恩师几十年的师生情缘，我的成长离不开恩师的精心培养、言传身教。恩师为我树立了坚定的信念，让我形成了精益求精的艺术品质，为我养成了低调做人的生活习惯，为我留下来传承艺术的重担。恩师是我人生的领路人，是我艺术道路上的航标灯，我永远怀念恩师！

愿阳光照耀着您，天堂里开满鲜花……

图12 卞善仪、翟茜、周荷君（从左到右）

（作者单位：南京师范大学音乐学院）

不灭的暖

——怀念卞善仪老师

叶 键

　　我的老师——钢琴教育家卞善仪教授，离开我们已近百日了。老师的辞世带给我们的是悲痛的不舍、深深的怀念，当卞萌姐姐把最后的告别视频发来时，我与晓敏师姐忍不住潸然泪下，互诉缅怀与沉痛。那位永远微笑的、和蔼的、语调和缓、带着嵊县（现嵊州市）乡音的老师；视生如子、为学生春运排队买票、为学生仗义执言，当我们遇到困难时总会先想去求助的那位正直可亲的长者，已经离我们而去了……然而，在我脑海中，老师的音容笑貌依然如故，老师的温暖一直都在。

　　回想与卞老师最初的师生缘已是30年前了。当时他是安徽省唯一的钢琴硕士生导师，也是我父亲高一级的大学校友，因此入学安师大成为卞老师的主课学生让我觉得亲切又幸运。

图13　叶　键

41

虽然有过一段独自外出求学的经历，但对我而言，大学生活才是真正自立的开始，怎么照顾好自己的生活学习，怎么与老师同学近距离相处，我有些胆怯和懵懂。这个阶段，卞老师给了我很多指导和鼓励。上课时，卞老师与我分坐两台琴前一遍遍地同步弹奏难点乐句，常常因为拖堂耽误了老师的课间休息；受了委屈又茫然失措时，卞老师耐心问询，教我解决办法；老师的研究生毕业音乐会，他安排我担任协奏，于我是极大的鼓舞与挑战。1994年我在师大留校任教，年纪尚浅，卞老师和老伴陈老师又成了我的依靠，直至1997年老师全家搬去北京居住，这期间我无论大小事总去叨扰，而两位老人家也总是感同身受，有求必应。

2000年后，我在北京读研，与卞老师一家再次相聚。陈老师常邀我去家里吃饭，怕我在食堂吃不好，每次都倾力备菜。卞老师更是一再让我把室友也带去，开始我有些不解，后来才明白老师的用意：在卞老师、陈老师看来，我还是那个少不更事的孩子，他们想要为我多做一些，让身边的人也能多照顾我一些。有一次在马家堡公交站返校时，老两口陪我等到了车，反复叮嘱我如何换乘，车子快开动了，只见卞老师突然又叫住我，从车门缝塞进1元硬币给我作车费。行文至此，我不禁泪目，联想起朱自清先生《背影》中父亲买橘子的感人一幕，此情此景必将感念今生。

我从北京学习回来后，见到老师的机会就少了许多，一般都是电话联系，卞老师并不长于聊家常，所以除了请教学问，跟陈老师聊的更多些。卞老师生病卧床后，有几次我去北京看望，当我和陈老师说话时他也用模糊的话语加入我们的聊天，陈老师说："你来了卞老师很高兴呢。"有一次，旭良师兄来电说卞老师情况不太好，近期我们要去一趟。我随即去了北京，这一次我和陈老师谈话时他已经加入不了了，一直静静地睡在客厅那张特制的病床上，陈老师说卞老师的病情还算稳定，就是不太认识人了。走的时候，我握住卞老师的手，陈老师在一旁说："叶键专门来看你，现在要回去啦。"卞老师一定是听清楚了，心里很明白却说不出来，他紧紧攥住我的手指好久，嘴里嘤嘤地好像在说什么，陈老师解释道："卞老师认识你。"回去的路上我一直在想，直至今日仍然感佩：为人师者，内心要有多么充沛的关怀与爱才能有如此的深情，这是多么难能可贵的品质与胸怀！

卞老师"爱生如子"是他教学生涯中一以贯之的传统，我们同门都受过他的种种关照。与晓敏师姐相识的这十几年间，每每谈起卞老师、陈老师对学生的爱护总是同感同识，感慨良久。

30年的记忆，点点滴滴，无法件件落在纸上。老师的爱心犹如火苗在心中永不熄灭，陪伴记忆的温暖。同时，来自老师言传身教的为人治学之道也将永远记取！

老师的学风

卞老师是真正做学问的人，有着勤奋、谦逊的学术品格。目前国内广泛使用的钢琴教材，尤其车尔尼系列，很多是卞老师整理、编注的版本。而且他精通俄文，翻译了中国钢琴音乐理论研究的重要之作《中国钢琴文化之形成与发展》。这些著作起步时间早、横跨时间长，说明他有着长期的思考，而且退休后仍然笔耕不辍。做学问是卞老师的终身事业、毕生追求。

卞老师的成果我们都是在工作学习中逐步发现的，他疏于谈论自己的学术成就，像辛勤的蜜蜂默默地采集酿造，为钢琴的"教、学、研"奉上营养甘露，而谈及自己他总是谦称"我们弹琴的人"。

老师的教风

卞老师的课堂是和煦的。和颜悦色地与学生对话，细致、耐心地与学生共同面对教学难题，是卞老师的教学风格。无论是我自己上课，还是旁听其他人上课，无论教学对象的年龄、程度如何，卞老师总是那样不疾不徐，微笑着、讲解着、示范着。记得我刚入学时，手上虽有一些基础，但是踏板用不好，卞老师教我一点点地辨听1/2、1/3、1/4踏板踩下去有什么不同，即使在不够灵敏的琴房钢琴上也要仔细地去听。

虽然卞老师的课上没有训斥，但要求从未降低过。"让学生心情放松，强调鼓励与陪伴，重在解决问题"，卞老师的这些教学理念对我其后的教学生涯有很大的影响。

老师的家风

卞老师的家是我们学生都爱去的地方。作为一家之主，老师把他的美德与品质渗透在家庭氛围中。和谐、上进、温暖是这家的主旋律，不慕名利、默默耕耘、关爱他人是每位家庭成员的行事准则。卞老师的老伴陈老师包揽了全部的家务，尤其是老师卧床后日复一日地悉心照料，无怨无悔；陈老师的性格豁达乐观、积极友善、关心世相、关爱身边人，对我们这些老学生时常牵挂。卞老师的一双儿女极其优秀，天分、努力、更加之父母的悉心教导、家风熏染，卞萌姐和卞钢哥已是钢琴界响当当的大任之材；"爱生如子"的接力棒也传递到了他们手中，坦诚、敦厚、毫不吝惜地关心照拂需要帮助的人。

卞老师的家风体现了中华传统家庭美德，正所谓"忠厚传家远，诗书继世长"。此外，对于这样的"教师之家"，我认为还要加上"师者仁心"。

回顾与卞老师相处的这30载光阴，既是缅怀也是纪念，老师的温暖爱心与精神力量会继续激励我们。卞师已逝，幽思长存。唯愿老师安息！

（作者单位：安徽大学艺术学院）

师风永存惠学子　师恩永铭缅先生
——深切怀念恩师卞善仪先生

张旭良

2020年11月18日，恩师卞善仪先生于北京仙逝。噩耗传来，琴音泣恸，乐声含悲！哀伤痛悼，思念萦怀，文以寄之。

初见先生，是1989年，在安徽师范大学艺术系音乐专业高考复试的面试考场上，出于音乐专业学生对声音的特殊敏感，先生特别的浙江嵊州口音给我留下了深刻的印象。入校后，我有幸被分配到先生班上，成为先生的入册弟子。1993年，我本科毕业，蒙先生厚爱，经先生悉心指导，考入先生名下攻读"钢琴演奏与教学研究"方向硕士学位，专研钢琴演奏与教学，在先生门下继续深造。在追随先生研习钢琴艺术的岁月，先生严谨的治学态度、锲而不舍的专业精神以及对学生无私而醇厚的关爱，深深地沁入我心中，成为我人生的宝贵财富，为我的钢琴艺术成长之路注入了无尽的动力！

先生1986年获批硕士研究生导师资格，是全国师范院校最早的钢琴专业硕士研究生导师。先生以醇厚的师德、淳朴的师风，在钢琴教育教学领域勤奋耕耘，无私地奉献自己的智慧和才能，为我国钢琴教育事业的发展做出了不懈的努力和卓越的贡献。

先生的钢琴教学是多维度、多层面、多角度的，注重因材施教。在大学本科期间，我主修的是手风琴专业，但是对钢琴非常痴迷，大部分时间都用在练习钢琴上。先生注意到我对钢琴演奏的浓厚兴趣，针对手风琴和钢琴在触键方面的差异，建议我多练手指基本功，以适应钢琴演奏触键的要求——这为我日后开展钢琴演奏触键研究埋下了一粒种子。同时，先生选用《车尔尼左手练习曲Op.718》让我针对左手做专门训练，提高左右手机能的均衡性。我遵照先生要求，每日习练不辍，为自己进入钢琴艺术领域打下了较为扎实的基础，并得到先生的初步认可，最终在本科毕业时考入先生门下攻读硕士学位，专习钢琴艺术。在硕士研究生阶段，先生为我量身定制了行之有效的培养方案，他在言传身教的演奏实践课之外，还提供了大量的专业文献资料和音响、音像资料，帮我增加钢琴艺术知识储备，助我全面提高钢琴艺术修养；同时，先生经常携我一同观摩音乐会、参加学术会议，为我开阔眼界，增长见识。先生以他的睿智为我开启了钢琴艺术之门，更以他的博学引导我一路走向钢琴演奏艺术魅力的核心。在先生推荐给我的众多文献中，有一篇是天津音乐学院陈云仙先生的《钢琴重量弹奏法》，该文是1991年10月"全国音乐学院首届钢琴主科教学研讨会"的交流论文，正是这篇文章开启了我关于钢琴演奏法研究的思维，成为我2007年至2009年撰写并出版《钢琴能量演奏法》一书之发轫。

先生的琴房有两台钢琴，在教学过程中，先生一边讲解，一边演奏，理论分析与实践指导相得益彰。由于乐曲讲解与演奏示范安排紧凑，课堂教学时间利用率高，教学效果相当明显，我每一次上课都有新的收获，在提高钢琴演奏能力的同时，增强了钢琴演奏的自信心！时至今日，先生示范演奏的身姿和乐声还清晰地映现在我的脑海，启发我对钢琴演奏的深入思考。

先生性格温和、开朗且刚毅，慈爱的目光中蕴含着殷切的希冀，每每促我反思，催我奋进。1994年，在我研究生二年级时，由于工作需要，学院领导任命我担任学院合唱团指挥，承担庆祝建国45周年合唱作品的排练和指挥工作。先生一方面鼓励我努力做好合唱指挥工作，从中汲取有利于钢琴演奏的营养；一方面提醒我要保证钢琴演奏练习的量，语重心长地对我说："千万不要偷懒哟！"言语之中既有严师之情，更兼慈父之爱，至今仍是我每日的警醒！

先生之"勤奋"教育不仅在言传，更在身教。在先生为我提供的学习资料中，有一本先生撰写的《钢琴艺术史》手稿，全书流畅隽妙的笔迹，无声地诠释着它的主人对钢琴艺术浓厚的痴爱和热切的追求。而对车尔尼练习曲的集中研究更是体现了先生在钢琴艺术领域不懈的努力：先生编注出版的《车尔尼钢琴每日练习四十课Op.337》《车尔尼100首初

图14　1996年张旭良与导师卞善仪先生

级钢琴乐曲集Op.750》《车尔尼钢琴练习曲选集》《车尔尼少年钢琴家基训手册（170首天天练）》《车尔尼25首钢琴小手练习曲Op.748》（实用教学版），等等，丰富了我国钢琴教学领域教材的内容，提高了钢琴教学对学生个体发展需要的适应性。

先生之为师，在言传身教之外，更以他高屋建瓴的学术视野为我的专业实践能力和科研能力的发展助力、护航！在学生时代，我喜欢向先生提问题，先生的认真解答每每令我茅塞顿开；有时，先生也不直接给出答案，而是面含微笑温和地看着我，笑意中透着赞许和鼓励，认真地对我说："这个问题，你可以研究一下。"然后，还会语重心长地补充一句："但不要钻牛角尖哟！"言语中既有对后辈科研精神的激励，又饱含对后辈科研灵感的启迪与呵护。2002年，我把自己的论文《提手落弹单音——体会正确触感》呈请先生修改，先生在对文章主体进行指导的同时，建议我给文章加个副标题"高师钢琴基础课触键训练教学尝试"，使文章主旨更为明确，结构更为严谨，表达更为清晰。2007年，我赴中央音乐学院访学，先生以他广博的学识和睿智的目光，从钢琴演奏法发展历史的高度，对我的研究课题"钢琴演奏机能的训练与养护"的研究思路、研究方法和研究预期给予了充分的肯定，使我受到了极大的鼓舞。2007年9月至2009年6月，我花了一年半的时间，一鼓作气完成了《钢琴能量演奏法》一书，通过对与钢琴演奏艺术相关的其他学科（诸如生物学、物理学、运动生理学、音乐心理学、西方哲学、中国传统经络学说、中国传统哲学之太极学说等）知识的研究，阐释了"钢琴演奏的实质即能量转化"的观点，构建了钢琴能量演奏法体系。先生阅后，欣然为评："'钢琴能量演奏法'理念新颖，结构设计合理，论证过程充分，以严密的逻辑形成了完整的理论体系；作者创编的'钢琴太极功'既能实现对钢琴演奏机能的保健功效，又能实现对钢琴能量演奏法中'能量'之所由来的合理解释，成为钢琴能量演奏法不可或缺的重要组成部分。由此可见，'钢琴能量演奏法'从理论建构和实践运用两个方面实现了中华传统文化对西方钢琴表演艺术的孵化，体现了'一手伸向西方，一手伸向传统'的中国钢琴艺术发展的重要原则。""张旭良同志所构建之'钢琴能量演奏法'，运用'能量转化'的概念实现了对演奏者整体内外的全面贯通，具有创新性；而作者所创编之'钢琴太极功'则从对钢琴演奏机能训练与养护的角度，填补了国内在这一学术领域研究的空白。"

事实上，《钢琴能量演奏法》一书正是在先生教导下我对钢琴演奏的点滴体会和感悟的梳理与凝结。而"一手伸向西方，一手伸向传统"实是先生在钢琴教育、教学和科研工作中所一贯遵循的整体理念。先生注重从"母语"的角度思考和探究钢琴艺术在中国的发展道路。在教育教学工作中强调对中国钢琴音乐作品的运用和研究。他在对我的硕士培养方案设置中，不仅在学习曲目安排上加入大量的中国钢琴作品，更是在毕业论文选题时建议我研究我国著名作曲家贺绿汀先生的钢琴作品。通过硕士学位论文答辩后，我的硕士论文《试论贺绿汀的钢琴曲》（精简版）在《钢琴艺术》1997年第3期刊发，该文并被收录人民音乐出版社2003年6月版《钢琴艺术研究——中国钢琴作品的分析与演奏》（童道锦、孙明珠选编）一书。在科研方面，先生同样热切关注并积极投身中国钢琴文化发展研究工作。1996年8月，先生翻译出版了《中国钢琴文化之形成与发展》（卞萌著）一书，该书原版为俄文版，是卞萌教授在俄罗斯国立圣·彼得堡音乐学院攻读艺术学博士时所写的论文。我国著名钢琴家、中央音乐学院终身教授周广仁先生为之作序，称其"是一部具有历史意义和学术价值的论著"，"首次系统地论述了中国钢琴文化发展的历史，研究了中国独特的文化传统及西方各种钢琴学派对中国钢琴文化的形成和发展的影响，总结了中国钢琴文化迅速发展的经验，因此，这部论著对今后的中国钢琴文化活动将起到促进作用"；中国艺术研究院音乐研究所研究员魏廷格先生在所做序言中这样写道："卞萌的博士论著《中国钢琴文化之形成与发展》，继以俄文出版之后，又由卞善艺先生译成中文出版，这在中国钢琴文化研究中，具有十分重要的意义。"2001年4月，先生与卞萌教授合作编著的《钢琴基础教程》（3册）出版。这套教程在符合钢琴基础教育规范化要求的同时，遵循"立足本土、面向基础、洋为中用、继承创新"的原则，强化我国钢琴教育教学领域音乐作品选择的"母语性"理念，专设"中国乐曲"类别，在基础教材中增加了民族钢琴曲的比重，这是实现"使中华音乐文化成为钢琴基础教学的母语"的重要一环，是中国钢琴教育教学领域教材建设重要的代表性成果。这套教程面世后，先生更是不辞辛苦，辗转各地开办讲座，指导教师科学使用教程。先生将自己的心血和真情毫无保留地倾注到中国钢琴教育教学领域，着实称得上是"鞠躬尽瘁，死而后已"！

先生之于我，不仅是授业恩师，更是人生导师。先生之为学、为教、为人直如先生之名：与人为善，艺成风仪。无论是就学期间，还是踏上工作岗位之后，先生的教诲始终指引着我前进的方向，助我在钢琴艺术海洋里逐浪前行，矢志不渝。

先生退休后，定居北京。不能谋面的岁月，先生时常入我梦境，教导琴艺，启迪人生，每次从梦中醒来，回顾梦境中垂聆先生教诲的场景，先生浓重的家乡口音，先生的一举手、一投足，先生眼眸中闪耀着的希冀之光，那么亲切，那么真实，仿佛往日时光重现！每每梦中欣喜不已，醒来时莞尔泪目……

往事历历在目，回味隽永！先生驾鹤西去，音容宛在！师风永存惠学子，师恩永铭缅先生！我将继承先生严谨的治学态度和精益求精的专业精神，不负先生厚望，在钢琴艺术的道路上不断前行！

静思……入梦……又见先生肩着一只布袋，布袋里装着精心研究的乐谱，满面笑容，健步朝我走来！

思之切切，念之绵绵，情之所至，文所以成！

先生虽辞世，精神永留存！

图15　张旭良与导师卞善仪先生

2021年2月22日于芜湖

（作者单位：安徽师范大学音乐学院）

红烛燃尽　风骨永存

——缅怀恩师卞善仪先生

黄　萍

2020年11月18日上午，卞老师走了。

在赶往北京的火车上，恩师的音容笑貌一帧帧地涌来，止不住……到了北京，师母陈老师来开门，我一把抱住她，泪水一颗颗落下，止不住……

24日上午前往八宝山，送别恩师。他静静地躺着，时间似乎已经定格。我亲爱的卞老师走了，以后再不会将他的才思与恩情交给我们了，这是真正的伤悲之处，心如刀绞。

钢琴艺术，不论西东，积淀凝塑成的人格，化在了卞老师的身上。往事不朽，恩师身上那些最明亮的光和色彩，已刻出深深的烙印，无法磨灭。卞老师是"卞家将"所有人的精神纽带！他的精神，根植于我们心底，将一直传承下去。

作为学生，深知写一位人品、学养、修为皆在高处的老师之难，卞老师已有的成就有目共睹。然，就安徽省钢琴艺术整体生态发展而言，对卞老师的纪念与研究在安徽当代钢琴文化领域中有着多重的意义与价值。

一、卞善仪先生钢琴教育观的实践运用及其影响

卞老师所任教的安徽师范大学音乐学院坐落于江城芜湖的赭山之麓，始建于1943年，历经安徽学院艺术科、皖北师范文艺班、安徽艺术学院、合肥师范学院艺术系、安徽师范大学艺术系等历史沿革，迄今为止是安徽省从事音乐人才培养的最高学府。

卞老师在近40年的教学生涯中，针对高等师范院校钢琴教学，即专业性人才的特色培养模式，不断进行积极的探索与实践。他为钢琴演奏专业的主修课学生与非钢琴专业的普修课学生，制定阶段式、个性化等不同的教学方案，因材施教。

1.阶段式培养模式

卞老师阶段式培养模式的思路主要针对非钢琴专业零基础的普修课学生，根据其两年的学习时段，将人才培养分为3个阶段：

第1阶段：钢琴演奏技术训练的相关专业基础课程，主要在第1、第2学期完成。着重培养学生的钢琴演奏能力以及音乐基础理论课的教学，教材选择以练习曲为主，同时辅以相关的中西方音乐小品。通过一学年的学习，将钢琴演奏课程系统化，并在教学时间安排上顺应演奏难易程度的延续性，着重培养学生的钢琴基本演奏技术并掌握相关理论常识。

第2阶段：在第3、第4学期，通过钢琴教材与授课方式的拓展，将复调作品、中外中型钢琴作品增加至教学中，同时为有能力且志于跨专业发展的学生进行学科方向间的选

修、双选，以及专业上的调整。通过两年钢琴课程的专业训练，学生最终确定个人专业发展方向。

第3阶段：针对钢琴选修专业学生的强化训练阶段，主要在第3、第4学年完成。通过开设高密度的钢琴专业课程、演奏实践等专项训练，快速强化学生的钢琴专业素质与专业技能，使其成为社会所需之人才。

2.个性化培养模式

个性化培养模式的对象主要是音乐学院钢琴主修课的学生。卞老师通过制定不同的课程计划造就差异性发展平台，从而实现人才差异化、个性化培养，为钢琴演奏及教学事业培养具有创新性思维、专业技能过硬的钢琴专业人才。通过科学系统的钢琴演奏技术理论与实际舞台表演手段相结合，在突出第一课堂注重教学主体性的同时，加强学生自身的艺术实践能力。

作为卞老师的学生，本人深有感悟，恩师多年来的教学实践，也为我提供了全新的思考模式和路径。

（1）作品选择的创新性：卞老师在教学中坚持与时俱进，当时他为我选用了包括20世纪以来不同流派的钢琴作品，特别是把当今中国作曲家用现代作曲手法创作的钢琴作品，也都融入教学之中。今天看来，在卞老师的教学内容中体现了前沿性与时代性，体现了钢琴艺术的多元性与时代特征，他大力推进现代音乐语汇与教学的深度融合，积极引导我进行探究式与个性化的学习。

（2）能力训练的全面性：在我的钢琴专业课上，不仅有技术训练、演奏教学，卞老师还将中西方音乐发展史、钢琴作品的和声与曲式分析等音乐史论、作曲技术理论等课程与演奏教学有机结合。在具体教学内容的安排上他重视课程之间的相互渗透，纵向课程间无缝衔接，从而为我打下较为坚实钢琴艺术理论研究的基础，也进一步提高了我的分析与思辨能力。

（3）舞台演奏的实践性：卞老师将科学系统的钢琴演奏技术理论与实际舞台表演手段相结合，在突出钢琴艺术主体性的同时，特别强调对我舞台实践能力的培养。在大学开学的第一天，卞老师就为我制定了独奏音乐会的教学计划，在恩师悉心教导下，我通过努力，在大学一年级末顺利完成了音乐会。卞老师组织学生参加大量的音乐会活动，不仅快速提高了我们的音乐演奏技能，也通过舞台实践，提高了我们的音乐实际应用能力、交流能力、应变能力，进而从多维度、多路径提高了专业能力。

图16　1996年本科钢琴独奏音乐会，黄萍与导师卞善仪先生

卞老师是一位对钢琴艺术的教学、演奏、理论研究较为全面、受俄罗斯钢琴学派影响且热爱中国文化的学者，他的钢琴教育观、艺术思想既符合20世纪末中国高校钢琴教学体系的需要，也与当时的社会音乐文化状态较为契合。卞老师的本科钢琴专业教学模式在20世纪90年代取得了良好的教学效果，他以安徽师范大学音乐学院钢琴教研室主任的身份，同时作为安徽省第一位钢琴专业硕士研究生导师，编著了专供钢琴专业研究生使用的一整套钢琴学术研究资料。在卞老师主持下的钢琴专业教学日趋步入相对科学、规范的教育体系，这种体系不仅促进了安徽师范大学钢琴教学健康有序的发展，其优势特色亦传给当时安徽省更为年轻的兄弟院校中的钢琴学科，引领了安徽省各级音乐教育及音乐文化的发展，对安徽省地方音乐事业建设起到了积极作用。

二、卞善仪先生的钢琴艺术理论研究及其价值

1.重视演奏技巧，训练科学有效

钢琴教学是高等师范音乐教育中一门重要的专业主干课程，其教学内容和课程体系是专业教学中的重要环节，钢琴学科的教学水平与艺术水平的提高，又将积极作用于音乐教育专业培养目标在更高层次上的体现。面对钢琴演奏程度高低不一的成年学生，卞老师十分重视钢琴演奏技巧的训练。正如俄罗斯钢琴家、美国茱莉亚音乐学院教授约瑟夫·列文所言："技巧只是达到目的的手段，但如果没有这个手段，你就无法达到目的。""要达到动人的演奏和乐曲处理的音

乐胜地，你必须走过多少里路的音阶练习、多少里路的琶音练习、多少里路的八度练习。"卞老师在教学中要求学生必须每天坚持练习如音阶、琶音、双音、八度、和弦连接等手指基本技巧。为了解决练习中的枯燥感，他采用了科学的训练方法，用变节奏、变指法、变速度等不同要求，打破了固定的演奏模式，不仅使学生的手指更加灵活，能够更好地适应复杂的技巧性片段，也使学生的心、脑、耳、手的同步联动性得到了更加有效地训练。

2.完善教学内容，拓宽教材范围

拉赫玛尼诺夫曾不止一次地说过："技术的完美——这是演奏必备的第一要素。如果一个钢琴家没有掌握为表现作曲家创作思想的这些大量的技术，那么就不可能拥有任何诠释其音乐内容的语言。"为了更适合新时期的钢琴教学，卞老师将传统的钢琴教学理论与现实的教学实践结合起来，发表学术论文《苏俄钢琴学派渊源》《一个尚待开发的新兴园地》《苏联特殊音乐学校钢琴才能教育初探》《谈车尔尼的历史贡献及其钢琴练习曲作品》等，正式出版《钢琴全面训练基础教程》《车尔尼钢琴练习曲选集》《车尔尼少年钢琴家基训手册（170首天天练）》《车尔尼25首钢琴小手练习曲Op.748》（实用教学版）等多部钢琴研究著述。从这些著述中可以看出，卞老师的研究涉及乐谱版本、演奏家、演奏技法、教学法、风格、学派等方面，研究内容丰厚，时间跨度大，技与道、艺与境、传统与现代、理论与实践之间相互融合，既鲜活又有温度。

卞老师经过长期的教学实践，并不断归纳、总结，他选取的这些兼具技术性、音乐性、艺术性、科学性、多元性的钢琴作品，特别是对车尔尼创作的大量练习曲的理论研究与系统梳理，逐渐形成了一套既有实践效果，又具有个人特色的钢琴技术训练的教学体系。这些著作是卞老师多年钢琴教学思考得以付诸实践的成果，体现了其钢琴教学中技术训练系统性与科学性的学术理念。这些系列专著不仅有效地解决了钢琴教学中程度普通的学生技术训练的问题，更着重提高了专业学生对钢琴演奏技能的准确把握与运用，其重要作用在教学中是显而易见的，具有新的时代价值，意义重大。

卞老师的学术研究是其多年钢琴演奏、教学工作以及理论研究成果的总结，显示出他宽广的知识面和深厚的学术底蕴。卞老师的研究不仅拓宽了教材选择的维度，使教师可以根据学生的具体情况结合作品来进行教学设计，也及时解决了我国钢琴教学中的相关技术问题，突出了技术训练的重要价值，对我国当前的钢琴教学体系建设有着一定的借鉴意义。此外，他对卡尔·车尔尼的研究，为中国目前从事相关研究和学习的人们提供了较有价值的参考，对于车尔尼练习曲的系统研究及实践运用有着重要的贡献。

三、卞善仪先生为安徽钢琴艺术
人才建设做出的贡献

卞老师在近40年的工作生涯中，圆满地完成了为安徽省培养、储备钢琴教学和钢琴演奏人才的任务，对安徽省音乐艺术做出了极大的贡献，卞老师也历史性地成了安徽省钢琴艺术领域一位重要的人物。卞老师为安徽省钢琴演奏和教学培养了大量的人才，他教学经验丰富，充满热情，始终保持着对钢琴学术前沿动态的敏锐感，他善于与学生沟通交流，这使其在教学中可以准确迅速地发现问题，并予以学生合理地指导。得益于每天持之以恒的练习，卞老师的演奏能力很强，精力充沛的他在课上大量做示范演奏，使学生可以很直观地了解作品的技术要求和音乐表达。

卞老师不仅在钢琴艺术的修为令人敬重，他的德行更让人仰视，他是一位学术与人品互为关照，互相成全的真正学者！

卞老师谈艺，更谈做人！他除了教授学生钢琴艺术，更注重培养学生的思想道德，使之全面发展。他不仅要求学生具备较强的学习能力、实践能力和教育教学研究能力，还应具备较高的文化艺术素质且品行端正，这样才能成为社会发展需要的高素质音乐类人才。正如伟大的教育家苏霍姆林斯基所言："我们要培养的人，不只是有知识、有职业、会工作的庸庸碌碌的人，而是要培养大写的人，就是高尚的精神生活，有理想、有性格、关心别人、关心集体的人。"

师承卞老师的学生有：丁绍潘、陶诚、朱晓敏、黄承箱、翟茜、鲁宁、叶键、张旭良、黄萍、赵赟韵、费翔、徐洪、项翊等一大批音乐人才，他们在跟随卞老师学习期间取得了很好的成绩，敬业、勤奋、好学，具备良好的专业素养。学成后工作在安徽乃至全国高校重要的教学和研究岗位，抑或继续求学，并最终成为安徽钢琴艺术乃至中国音乐艺术领域的重要一分子，在钢琴教育、钢琴演奏、音乐艺术活动的组织管理中都做出了不凡的业绩，是当下安徽省钢琴教育领域乃至中国音乐界的中坚力量。时代赋予了"卞家将"们很多的机遇和荣誉，也给了他们重要的位置，他们将师承于卞老师的扎实严谨的教学作风和学习态度，并传递给他们的学生，不断地影响着其他后辈。他们的影响不仅在于对于钢琴文化的传承，更在于他们任职时对钢琴艺术的认知、言行，对钢琴艺术传播的方式，以及对钢琴学科的学术态度所带来的效应。这是他们在当下音乐文化状态下应该认真思考的问题，也是时代艺术赋予他们新的命题，因为他们，也使得安徽的钢琴艺术建立起一个同外域钢琴艺术进行对话交流的基点。

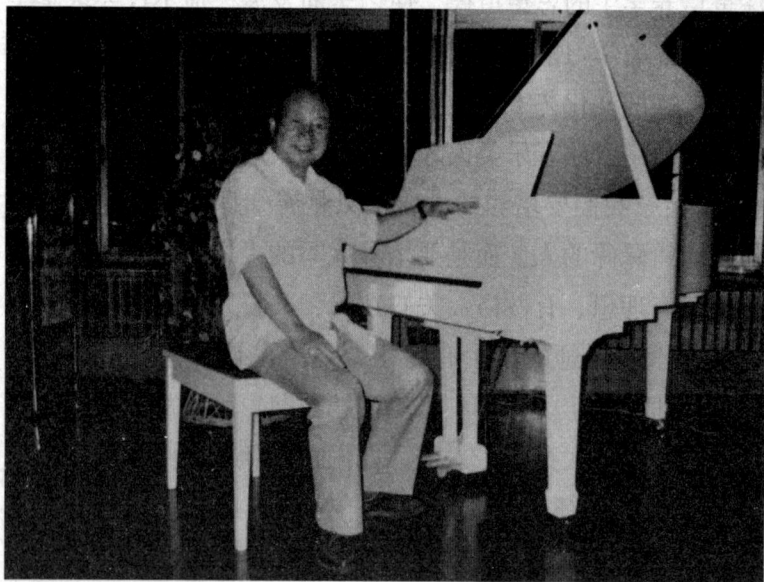

图17 卞善仪先生1994年留影

对于世界上伟大的音乐家来说，卞老师是平凡一簇，而对于安徽钢琴教育和钢琴演奏艺术而言，人们永远不会忘记他的名字——卞善仪！

中等的个头，卷卷的头发，特别地和蔼，眼里闪着光芒……这是我去北京路上一直在脑海中浮现的老师的形象，一位学者的形象！亲切又坚毅、宽厚且豁达、纯粹而犀利，卞老师是一位性情温润却风骨傲然的知识分子，让人心生敬意……

师生关系是人间最真善美的缘分。在卞家弟子中，我可以说是受先生教诲最长、裨益最多的学生。我自幼跟随安徽省艺术学校丁泉声老师学琴十载有余，在20世纪90年代正式拜于卞老师的门下，彼时合肥到芜湖之间交通不便利，每次去上课，父亲带着我从家坐清晨最早一班火车，下车后倒轮渡过长江，再奔赴赭山之麓，回到家时已是深夜，寒来暑往，岁月往复……

从第一次拜师卞老师，到全国比赛获奖、毕业留校任教、国家公派出国硕博连读、举办多场音乐会、博士后顺利出站……到今日已近30年。30年间，一个人不仅可以长大成人，亦足以让一个懵懂孩童在老师的言传身教下，在学养上同样成长。如今，年过不惑的我愈加知晓，是卞老师赋予了我艺术的生命与学术的生命，他授予我技艺、文化、见识，启发我动脑、思辨。他在我心中播下一粒种子，外师造化、内缘心法，而卞老师永远在那里伫立，一直保持着做学问的纯粹和做人的纯粹，讲事实，说真话，坚守着知识分子独立的特性，他一路陪着我，看着我长大成材，去追寻更广阔的天地。

中国人的学问，是用心养成的，学问和人心不可分离。多想再一次听听卞老师的教诲，为吾辈点亮那盏心灯。老师说的话，师母做的菜，是生活中最真实的存在，却最让人回味长久……

何为学琴？为何学琴？学琴为何？

卞老师走了，这是送别恩师后我思考最多的问题……

2021辛丑新年于合肥

（作者单位：安徽师范大学音乐学院）

忆恩师卞善仪先生

黄承箱

从恩师卞善仪老师手里毕业近30年了，我每每想到他，总觉得很多往事就在眼前。很荣幸当时能成为卞老师的学生，他是我人生中最重要的恩师之一。

知遇之恩　终生难忘

我是1987年进入安徽师大音乐系的（当时全省只招收了我们30个本科生），大学期间非常荣幸遇到两个对我特别有恩的钢琴老师。一、二年级是普修阶段，即每位同学都有一对一钢琴小课，这个阶段我的钢琴是跟周晓梅老师学习。周晓梅老师对我非常关爱，除了上课认真负责以外，每个寒暑假她们全家回老家，她都让我住到她家里学习与

图18　黄承箱

练琴。我记得大二下学期有一段时间她身体不太好，普修快结业那段时间里，偶尔系里会请李瑛老师临时代我的钢琴课（李瑛老师后调入星海音乐学院）。大三开学后，晓梅老师因身体原因请假，她鼓励我找找其他老师。我因敬畏卞老师，以前没有胆量和他说过话，这次我鼓足勇气，怀着忐忑的心情来到他的琴房，他听我演奏了两首曲子之后，极其温和地说："你很好啊，我同意接收你啦，我们一起去系里商量你的课程安排。"我当即兴奋得差点眼泪都掉出来了，因为那时候已经开学，所有老师、同学的课表已经排好并开始上课，如果卞老师不收我，系里就安排我主修别的专业了。从那时起，我就正式成为了卞老师的学生啦。

因材施教 一丝不苟

跟卞老师学习后，卞老师仔细分析我的优缺点，详细制定我随后两年的学习方案。印象最深，也让我受益最深的是卞老师特别注重基本功的常规训练，要求我每天做一定的手指练习，包括所有大小调的音阶、和弦、琶音练习，并补充大量练习曲、中小型乐曲。另外，作为车尔尼研究专家，卞老师把一些其他老师教学中不常用但训练价值较高的练习曲补充给我，也让我受益匪浅。对于巴赫的平均律等作品，卞老师要求我详细分析每一个声部，包括各主题、对题、经过句、倒影、扩大等所有音乐要素及其发展手法，要求我在演奏中注意每一个细节。贝多芬、肖邦作品是卞老师对我的教学中选曲较多的，这些作品除了以上那些要求外，卞老师特别注重音乐的表达，要求理解作曲家创作背景和创作意图，在当时资料能够查到的范围内（当时虽没有如今信息查询的便利，但系里资料室和音响借阅室还是能基本保证学习需求的），最大限度了解作品背后的相关问题。

两年之后我才发现，卞老师领着我走了一条非常适合我的路，免去了我可能会走的许多弯路。卞老师能够根据我的特点（手大有力，音乐表现力强，但基本功不足，速度不够等），做到了既能扬长避短又能查漏补缺。作为非"童子功"的我很荣幸在大学最后一次钢琴毕业考试中成绩优异，能够与我班钢琴最好的董放同学（现为上海华东师范大学副教授）同分并列第一。

卞老师是安徽师大音乐系最早一批带硕士研究生的导师，我跟随卞老师的时候，他正带着他最早的研究生（其中陶诚当时是学院青年教师）。应该说我是沾了卞老师研究生教学的光，两年里卞老师在琴房用双钢琴、一对一对我也实施着"研究性"的教学，使我终身受益，感恩难忘。

低调做人　无私相助

跟卞老师学习期间，除了上课，我和他的交流交往并不是很多。因为卞老师为人特别低调，也没有什么事情需要学生帮忙（或者即便家里有什么事情他也不会叫弟子们去帮忙）。唯一一次帮忙是卞老师分了新房子（好像就是退休前一直居住的房子），我们几个同学帮他去搬了一趟东西上楼，那是我第一次去他家里，师母买了一大堆热腾腾的包子，硬塞给我们几个大小伙子吃，看每个人吃了个驴饱，师傅、师母才满意。吃东西的时候，我们发现老师家整面墙的书架，每一层都塞满了书，我随便翻了几本谱子，发现谱子上都被老师用铅笔写满了备课的记录。这件事我至今记忆犹新，这真是做学问、研究教学呐。

毕业时系里需留校一位作曲理论老师，当时由于没有作曲理论专业的毕业生，时任理论教研室主任的杨自真老师就把我们的4年专业主干课成绩排序上报系里，排名第一的我被顺利留校，并于当年被系里派送北京中央音乐学院作曲系进修。卞老师很开心，他到北京时还专门找我聊天，鼓励我好好学习，同时告诫我钢琴永远不要丢了。进修完回师大后，卞老师又跟我说可以考虑带一些钢琴课。我铭记于心，就这样，我这几十年一直横跨作曲理论和钢琴教学两个领域，虽没有什么重要成就，却自感充实、幸福。我当时在系里教即兴伴奏的时候也曾经借阅卞老师之前编写的教材，但卞老师很谦虚地说："我这里面有很多和声问题，你是研究和声的，需要纠正过来啊。"看着老教授如此谦虚和敬畏学术，我感触很深。

之后我调到苏州工作，虽然与老师分开了，但在之后，我的论文写作与发表等都曾得到过卞老师的帮助。那几年，卞老师有学生来考学，他都有亲笔信给我，更可见一位老师对每位学生的仁爱之心、无私相助。

榜样力量　给我鞭策

无论恩师的学术还是恩师的为人都是我学习的典范。恩师勤于教学，同时也笔耕不辍，编著、编译出版的专著就有：《车尔尼少年钢琴家基训手册（170首天天练）》（人民音乐出版社），《车尔尼钢琴练习曲选集》（人民音乐出版社），《车尔尼钢琴每日练习四十课Op.337》（安徽文艺出版社），《车尔尼25首钢琴小手练习曲Op.748》（实用教学版）（人民音乐出版社），《车尔尼100首初级钢琴乐曲集Op.750》（安徽文艺出版社），《钢琴基础教程》（合编）（中国广播电视出版社），等等，可见恩师对于学术、对于教学的认真执着。

同样，老师的为人一直备受大家的称赞。除了上文提及的一些，我还有一个小插曲要特别感谢卞老师。事情是这样的：我当时在与现在的爱人谈恋爱期间，她的父母受传统保守思想影响，认为学音乐的男生不太可靠，故而不同意我和他们的女儿交往。我爱人当时就怼一句："卞老师也是音乐系的啊！"她父母当时就无话可说了。因为我的岳父母曾经和卞老师家做过邻居，都是师大的老同事，早知道卞老师的为人！

特写此文以缅怀我的恩师卞善仪先生！受惠于恩师的影响和教导，学生我不敢懈怠，从走向工作岗位以来，这些年兢兢业业，在钢琴教学研究上也算小有成就。今后，本人将继续竭尽所能，认真教学，力争为培养下一代做出自己力所能及的贡献，进一步发扬卞老师的敬业精神。

愿恩师一路走好……

2021年2月于苏州

（作者单位：苏州科技大学音乐学院）

润育桃李　学而不怠

——忆钢琴教育家卞善仪先生

赵赟韵

我的恩师卞善仪老师于2020年11月18日在北京与世长辞，享年83岁。看到卞老师的女儿、著名钢琴家卞萌女士在朋友圈发出的信息已是几天后的事情了。当时就感觉心痛如绞，泪水不自觉地顺着脸颊流淌下来。一瞬间，时光拉回到30年前，儿时跟随卞老师学琴的画面历历在目，仿佛就在眼前。

图19　赵赟韵

20世纪80年代，我还在芜湖读小学二年级。一天，父母的朋友来家做客，看到我家有台雅马哈电子琴，知道我在学琴。由于当年我的家庭条件一般，父母也不知道我是不是这块料，就想着先用电子琴学习，权当是培养个兴趣，毕竟那个年代让孩子学习钢琴的家庭还是少数。父母也没想过我的未来，就想到时候看发展再定。看见我父母一直犹豫着要不要让我正式学钢琴，那位朋友便聊起卞老师的教学优秀事迹，并愿意帮忙让我们去试听下卞老师的课程。我父母很是高兴，能得到大学老师的指导那是多么荣幸啊。于是，在父母朋友的不懈努力争取下，我终于得到一个插班名额，可以参加卞老师的钢琴集体课，得到了观摩学习的机会。

那是暑假的一个夏天，天气炎热，我们住在芜湖远郊，坐公交车需要1个多小时的路程到安徽师范大学音乐系。当时卞老师是在安师大钢琴系任教，暑假的大学校园在大学生回家后恢复了往日的宁静，音乐系在山上，道路两旁的梧桐树遮住了猛烈的太阳，只有知了在吱吱地叫着。在二楼的一间教室里，坐满了和我相似年龄的姐姐哥哥们，教室外的走廊则站满了家长们，屋里屋外都鸦雀无声，大家都被卞老师的讲课所吸引了。

天气炎热，卞老师衣着朴素，上身着一件平整的白色衬衫，配一条蓝色的长裤，头发被汗水打湿，衬衫上也渗出了汗渍。整堂课他都是站立为我们讲述钢琴启蒙阶段学习的要点，他时而示范，时而走下讲台，嘴角边时常戴着和蔼可亲的笑容。无论是头脑灵活，还是天赋寻常的学生，卞老师都是一视同仁地对待，解答问题细致耐心。他每次指导时都慈眉善目，对学生关怀备至。这消除了我的紧张和不安，毕竟我没有基础，家里也没有钢琴。我暗自庆幸，虽然对这个面前的启蒙老师保有师生之间的敬畏，但我隐约感觉他是一个很好相处的老师。

课堂上，他顺着一排排学生，逐个指导大家的练习问题。我正思量着如何应对，和善的他已经来到了我的身边，并用平和关怀的声音说道："这位同学你第一次来上课，有什么不清楚可以单独问我的。"他的一句宽慰打消了我的顾虑，听到他的鼓励之言，我原本低着头，猛然抬起头，看到他温暖的目光，倍感学习钢琴的乐趣，我便将课堂上关于钢琴触键的困惑问题跟卞老师进行了交流。

由于我当时还是用电子琴在练习，卞老师表示电子琴琴键浅，和钢琴的不同触键感觉会产生不同的学习习惯，以后再改回来就难了，所以他认真地建议我父母为我配置钢琴。于是父母决定购买钢琴，从此我走上了正规的钢琴学习道路。这次不经意的观摩课为我打开了一扇窗户，也为未来指引了一条光明之路。真是冥冥中自有天定，现在想来，如果年幼的时候没有参加卞老师的钢琴观摩课，也许我就是一位电子琴爱好者，也不会有机会从事钢琴专业方面的工作。和卞老师的初次见面，激起了我对钢琴学习的热爱和向往，给我的内心埋下了一颗钢琴的种子，从那以后我更愿意询问他关于钢琴学习的困惑和难题，也开启了我终生热爱的钢琴之旅。

第二个映入眼帘的场景是1991年的夏天，卞老师带领学生参加安徽省艺术考级工作，我也是其中一员。那时的我已经跟随卞老师学习钢琴2年左右，卞老师告诉我参加考级主要是让我锻炼一下。那是我第一次在公开场合进行演奏，我又是卞老师学生中年龄最小的，因此我的内心异常紧张，忐忑不安。为了在考级中发挥得更好，卞老师细心地在考级前组织了全部考生的观摩会。看到师兄师姐们自信满满地走上舞台，我的内心倍感压力，这时卞老师叫了我的名字，我大脑一片空白地走到钢琴面前，云里雾里地演奏完要求的曲目，逃跑似的回到座位上，心想老师一定会责难我的不佳演奏。这时卞老师出现在我的面前，用慈祥的目光安慰着我，用温和的语气说了一句："不要和别人比，只要战胜自己就是很棒的。"第二天，来到正式考级的现场，我的耳边一直萦绕着卞老师的嘱咐，整个演奏我都享受在音乐中，音乐从我的指尖倾泻而出，我刨除了不该有的杂念，完全沉浸在作品的表现中，真正做到了战胜自我。虽然整个的演奏还有瑕疵，但是音乐的表现还是可圈可点的，这与卞老师的正确引导是分不开的。

以上两个场景充分表现了卞老师培育学生的部分。下面的论述则表现了他如何赋予我们正确的教育理念和学而不息的精神，并一直敦促着我朝着正确的方向前进。

卞老师不仅在我的学习过程中给予了我正确的演奏指导，而且对我的教学理念产生了巨大的影响。他对我的影响是根深蒂固的，和现在很多钢琴学习者对钢琴学习的抵制情绪相比，在我的记忆里钢琴课一直都是开心快乐，没有太多的压力，也正是因为卞老师的循循善诱和他的耐心、爱心使我能够在学琴的道路上持续走下去。现在的儿童钢琴教育充彻着浮躁的气氛，很多家长不明白学习艺术的关键在于培养具有音乐综合素养、审美情趣的人。他们把注意力集中在类似于考级的学习目标上，而忽略了音乐教育的真谛。我非常感谢卞老师的教导，他的钢琴教学始终以享受音乐和培养音乐审美能力作为最终目标，他用和善的教学态度为学生打开了钢琴学习之门。他平和亲切的教学风格，让我自始至终保持着对钢琴的热情，即使在离开他的教学指导后，我仍然能够继续寻求更高的奋斗目标，这都与卞老师在启蒙阶段为我打下的坚实基础是息息相关的。特别是我在选择了以钢琴教育作为终生奋斗的事业后，更加体会到我学生时代卞老师给予我的关心与鼓励，这也为我对我的职业选择产生了深远影响。现在我接过卞老师的衣钵，把钢琴教育作为毕生奋斗的事业。除了他赋予我正确的教育理念以外，他还用自身勤奋不息的学习精神时刻鼓舞着我。

记得我如愿以偿进入苏州大学本科学习生活后，感觉已经考上了理想的学府，思想上有些懈怠。因为失去了积极向上的动力，我的专业也出现了许多问题，在竞争激烈的专业考试中，没有表现出良好的状态，成绩自然不优秀。虽然在离开家乡前卞老师的寄语如在耳畔，但是离开了卞老师的直接教导，我已经将它抛在脑后。这时我看到从家乡带来的一本当初学琴时卞老师的车尔尼教材，看着乐谱上熟悉的注释字迹，几乎每页乐谱上都密密麻麻记着每一条的练习要点，笔记清晰整洁。通过这些文字，我仿佛看到卞老师勤奋研读钢琴教学材料时的专注神情，更体会到卞老师的用心。他用自己渊博的知识和执着的学术态度激发学生的学习激情，用坚韧不拔的精神敦促学生养成学而不息的学习习惯，用对学生的爱心和耐心滋润着学生们的心灵，培养他们对音乐、对艺术的正确审美观。看到了眼前卞老师的标注，再看看自己空空如也的乐谱，我立刻心怀愧疚。自那时以后，我便养成了在乐谱上标记注释的习惯，并把这个习惯延续至今，甚至以同样的要求督促我的学生们，这都是对卞老师治学严谨的传承。

卞老师像一盏明灯，照亮每一个学生前行的道路，他用和善温和的教学态度，严谨勤奋的治学风格，培育着学生的心田。他毕生献身于钢琴教育事业，编纂了多部专著和教材，许多都是极具学术性、权威性的佳作，为钢琴教育的发展贡献了力量。他用自己坚韧不拔的精神鼓舞着学生不断地前进，用正确的钢琴教学理念影响着学生们，在他的悉心栽培下，培养出了大量的音乐人才，如丁绍潘、陶诚、朱晓敏、张旭良、叶键、黄萍、费翔、徐洪、项翊、黄承箱、赵赟韵等，我们将继承卞老师的遗志将钢琴教育的真谛传播下去。

（作者单位：苏州科技大学音乐学院）

回忆跟随卞老学琴的岁月

费 翔

在1993年之前，我跟随卞老的第一位钢琴硕士，也是全国第一位钢琴教育硕士陶诚老师学习钢琴。1993年陶老师工作调动去了华南师大，经陶老师介绍，我转投卞老门下继续学习钢琴。当时，我是在安徽师大附中读初二的业余琴童。从此，我和卞老结下了师生之情。

那时候，卞老担任安徽师大音乐系的钢琴教研室主任，我常去安师大的琴房楼上课。因为我是一个人去上课，没有家长陪同，卞老基本上安排我在平时晚上最后一个上课。于是，我常常在放学后，先踢一会足球，然后穿着脏兮兮的"双星"球鞋，骑着"凤凰"单车，风驰电掣、汗流浃背地奔赴音乐系的琴房楼。

安徽师大音乐系矗立在校园里的一座挺高的山上，音乐系的教学楼在半山腰，琴房楼在山顶上，真

图20 费 翔

76

是"乐音绕山"。从山脚下的师大南门，走到山顶的琴房楼，大约需要六七分钟，山的坡度挺大，骑自行车根本就蹬不上去。

琴房楼是两层小楼，师大老师们的琴房在最上面的一层，卞老的琴房比其他琴房大，在最南边，里面有两架立式钢琴。其实琴房条件不错，就是夏天蚊子多，一节课下来被叮两三个蚊子包是常态。真不知道卞老在夏天是怎么抗过来的。

那时候，我其实对踢足球的喜爱远远超过弹钢琴。每当快要上钢琴课的时候，我都着急练曲子，忙得一塌糊涂，一边练一边还责怪自己：早知道这样，少玩会儿不就行了嘛？！但每次钢琴课下课之后的时光我还是憧憬的，因为我和老师能一起下山，边聊边走，一路有说有笑。

现在总结起来，卞老对琴童的教学非常有特点：

在琴童音乐素质的培养方面，卞老师注重曲目的丰富性。他最重视巴赫复调作品、莫扎特奏鸣曲、门德尔松无词歌、贝多芬奏鸣曲、肖邦的圆舞曲和夜曲、格里格的钢琴小品、几乎所有的音协考级的曲目（卞老本人是中国音协考级安徽考点的常驻评委），以及强制性地要求琴童每年至少弹4首中国作品。卞老常说："对中国人来说，中国作品很重要，琴童手头一定要有几首中国作品作为保留曲目，万一遇到突然性表演时，能演奏寻常百姓听得懂的中国作品。"他也多次强调："肖邦的作品艺术性高，圆舞曲难度不大，最适合业余孩子学习。"他还常说："多声部作品训练音乐的空间思维能力，所有的巴赫复调作品，必须认真练习，从巴赫

《小步舞曲》《创意曲》，到《平均律》，都要练习。"

卞老对钢琴基本功的训练也是非常严格，从音阶、主和弦琶音、属七琶音、减七琶音、哈农的前20多条，到车尔尼一系列（挑选弹奏），再到莫什科夫斯基练习曲、肖邦练习曲，这些练习基本功的东西都是每节钢琴课的必选内容，雷打不动。

卞老教课很细致，每首作品里重要的表情记号，甚至车尔尼练习曲的表情记号，他都要求按谱面的提示做到位；如果做不到，他就用一支红色的铅笔，在乐谱上圈出来；再做不到，就多罚练一周。还有就是踏板记号，只要用得着踏板的作品，他就从头到尾，能标记踏板的地方都一个不少地给我标上，生怕我踩错了踏板。

卞老强调弹琴的发力源头在肩膀，他告诉我，真正"弹响"钢琴的是手臂本身的重量，"一位成人的胳膊有8斤，这个重量足够发出响亮的琴声"，"钢琴弹奏要用重量弹奏法"。而最终将力量传达到琴键的是指尖，所以手指的跑动能力、力量是训练要点。

卞老平时留的作业数量也不少，我每周同时练习一首练习曲、一首乐曲、一首复调作品是常态，而且里面至少有一首是新布置的作品。卞老的理念是每周都要认新乐谱。他也很重视对琴童的乐感培养，比如储望华的《解放区的天》，卞老亲自唱这首歌给我听，帮我找音乐的感觉。我觉得和其他琴童相比，我稍稍能令老师满意的地方就是乐感还行。

卞老还有一个小本子，里面记录我的学琴过程中弹奏的重要曲目。每次节假日，我爸爸妈妈带着我去家里拜访卞老的时候，他都会掏出这个小本本，总结我这一段时间的钢琴学习情况，找出我学琴中的不足。

关于琴童练琴，卞老认为：

1. 钢琴比较难学，学琴很辛苦，一定要持之以恒。业余琴童每天要坚持练琴30分钟以上，时间越长越好。基本功的进步更是需要积累，每天早上练习5分钟音阶、哈农，一年攒下来就是30个小时，足够拉开和其他琴童的差距了（我当时每天早上在上学之前，都练习5至10分钟音阶、琶音和哈农，这是卞老和我父亲对我的强制性要求）。

2. 寒暑假差不多3个月，假期里练琴时间很容易达到平时的两倍，所以，寒暑假差不多是半年的练琴量。只有利用好寒暑假，才能把钢琴弹好（卞老寒暑假从来不停钢琴课，我都是一年四季学钢琴）。

3. 琴童考级还是有一定意义的。适当安排考级，既能检验教学进展，也能激发孩子的学琴热情；但千万不能为了考级而考级，千万不能只练习考级的4首曲子，而是要在平时练琴的基础上，在水到渠成的时候，考一次级，练练兵（我总共只参加了3次考级，分别是5级、7级、9级，每次都是利用暑期完成的）。

4. 孩子学钢琴和学习文化课不冲突。学习是一种能力，需要有良好的学习习惯，很多学习好的孩子，钢琴弹得就很不错；相反，学习不好的孩子，钢琴也往往弹不好（我当时中学6年都是在省重点读书，高考进入北京师大音乐系的时候，我的文化课分数是最高的）。

5. 多声部作品在练习时要注意方法。以巴赫的平均律为例，必须abcd4个声部先分别练熟，然后两个声部ab、ac、ad、bc、bd、cd结合，再3个声abc、acd、bcd部结合起来练习，最终才是众多声部的合奏；千万不要一上来就合手练（我每一次练巴赫的平均律，不练上一个月到一个半月，卞老都不会满意）。

6.每节钢琴课后，要当天复习。要把当天上课的作品再练一练，哪怕只练习一遍，这样就能把老师在课上讲的要点过一遍脑子，以后再练习就能有的放矢。

1996年暑期，因为卞老的女儿卞萌老师回国工作，卞老一家北迁进京，我又被卞老安排跟安徽师大周晓梅老师学琴。但很快，在当年的11月，我又继续跟卞老学琴了，只是我需要坐火车去北京学琴。

那时候没有高铁，芜湖也没有去北京的始发列车，只有途经列车，买不到去北京的车票常会发生。记得我第一次去北京就是一路站票，经过20个小时的颠簸（包括晚点的1个多小时），到达了北京站。我背着包，随着汹涌的人流往前走，快到出口的时候，我看到卞老站在大柱子下面，正踮着脚尖、焦急地找我呢。因为我的火车晚点，卞老已经等候了两个多钟头！

卞老随即拉着我，坐上公交车，来到北京音乐厅附近的一个地下室小旅馆住下。因为火车晚点，我不能住中央音乐学院里面的招待所了，只能住这里。把我安顿好之后，卞老又行色匆匆地赶末班公交回马家堡的家。第二天一早，卞老又赶过来，把我安顿住进了中央音乐学院里面的招待所，也是地下室，我记得就在卞萌老师现在住的楼下。我还记得第二天夜里我流鼻血，可能是因为南方人不爱喝水的原因。第三天一早，卞萌老师带我去中央音乐学院琴房楼办了一张练琴卡，解决了我练琴的问题。后面，我就去卞老在马家堡的家里上课了（当时的红色立式钢琴现在还在卞萌老师中央音乐学院的家里）。

我一般是周四凌晨从芜湖出发，当天晚上到北京。然后周五上午先由卞老给我上钢琴课，顺道再吃一顿师母陈老师做的可口饭菜，随后我练一天琴，周六再去马家堡由卞萌老师给我上课，当天返程回芜湖。我基本上是一个月来一次北京学琴，在火车上我可以看乐谱、背乐谱，所以这个时间成本还是可以接受的。

相对于卞老的教学，卞萌老师的演奏示范简直是超级棒！音阶像风一样刮过去，琶音如排山倒海；我拼命练习的、难度很大的肖邦练习曲，卞萌老师视奏就能弹得几乎天衣无缝。我记得卞萌老师说得最多的就是弹琴要用重量弹奏，这一点其实卞老也对我反复强调过。

在一年多的北京学琴之后，卞老决定让我考北京师范大学。他安排卞萌老师向周铭孙先生推荐我，周先生又安排王海波老师听我弹琴（其实就是面试）。最终我如愿考上北师大音乐系钢琴专业，师从郭兰兰老师学琴。

在卞老的苦心培养和严格训练下，我——一个来自安徽芜湖的琴童——跨进了北京，开始了专业音乐的学习之路。

2021 年 1 月

（作者单位：中央民族大学）

卞老师像一盏明灯

徐 洪

卞善仪老先生，心中无限怀念，眼前浮现出一幕幕老师和蔼可亲、对我谆谆教导的情景。

我是7岁左右，幸运地拜入卞老门下学习钢琴。卞老平易近人，说话轻言细语，总是笑眯眯的。在我眼里，他就是一位慈爱的长者，没有一点教授的架子。

在教学中，他一直跟我强调"温故而知新"，对于每次布置给我的钢琴作业，他是一条不落地让我认真、反复地弹给他听，而他亦从中指出我的不足，追求精益求精。可以说，今天我对音乐作品的反复推敲、精雕细凿，与老师这样严格要求及当时养成的良好习惯是密不可分的。

最难忘的是冬天去老师那里上钢琴课。冬日昼短，老师上课的地方又地处安徽师范大学最高

图21　徐　洪

处，更是干冷。而且，我的父母下班都很晚，把我送到老师那里时天就黑了。但每次卞老都站在寒冷的山下等着接我，他接到我后，还总摸摸我的头，怕我冻着。上课时，他更是每条曲目亲自示范，遇到需要注意的地方，就用笔做上记号，并且不断提醒我。卞老讲解得耐心而细致。从他的身上，我真正感受到了，"师者，所以传道授业解惑也"。

卞老就是这样一位对所有学生都认真负责的好老师。我们每个学生基本上都会被"拖堂"。因为他要讲得学生们都明白，还要我们都按照弹奏要求尽可能做到完美，因此时间就拖延了。记得那时候，我在等待前面的学生下课的空档，要么拿着随身携带的文化课作业，找个空地，趴着写起来；要么，就跑到山下溜达，疯玩一圈儿，再上来上课。至今，这些童年的趣事，我仍然记忆犹新。

卞老带着我去考级，带着我去比赛，只要我取得一点进步和成绩，他都很高兴。给我印象最深的一次，是中央音乐学院的李其芳教授来安徽，对30多名琴童的钢琴演奏进行观摩指导。卞老很重视这次活动，让我演奏了几首准备好的曲目。当我从30多名琴童中脱颖而出，得到李其芳老师的认可时，我能感觉到卞老骄傲自豪的笑容。那是一种近乎深沉之父爱的满足感！有幸遇上这种伯乐，一路指引，为我推荐名师，使我在学琴之路上受益匪浅。

1995年，我考上武汉音乐学院，卞老很是欣慰。给我包了个大大的红包（100元），以资鼓励。要知道，那时，我们的课时费才二三十元。卞老，对我而言，是近乎父亲一般的存在——慈祥而严厉。他传授给我的不仅是知识，更多是做人的道理。他的宽厚仁德，严明操守更是言传身教于我，让我受益终身。

如今，我已不再是那个懵懂求知的少年，30多年学琴的积累沉淀，我有幸学有所成，成为一名职业钢琴演奏家。舞台上的鲜花和掌声时刻在提醒我——我也是一名普通的钢琴教育事业工作者，也承担着教书育人的职责。卞老如同一盏明灯，照耀着我走过黑暗，走过困惑，也将指引我一路向前！

（作者单位：武汉音乐学院钢琴系）

把我的独奏音乐会献给您

项　翊

1985年我5岁，记得第一次见到我的钢琴启蒙老师卞老师是在安徽师范大学的红房子里（教师宿舍）。卞老师家住在2楼的最里面一套，我一进门就看见一位非常亲切的中年男子，笑容满面地问我："你几岁啦，以前有没有学过钢琴……"我看见老师家的客厅里整齐地放着两台钢琴，其中一台令我记忆非常深刻，键盘黄黄的，琴也比较旧，但那台钢琴的音色我又很喜欢，我经常会在那台旧旧的钢琴上回课。

我学琴是非常幸运的，因为记忆中的卞老师脾气真的太好了，从来没对我发过火，而且回课时弹得好，卞老师还会奖励我吃大冰砖，哇，那种幸福感真的是……老师特意用保温杯装着冰砖，周末带到琴房，那时候的琴房条件有限，没有

图22　项　翊

空调，也没有吊扇，只有一个小的摇头风扇，所以一到夏天，那个保温杯就成了我弹琴最大的动力。

1986年，我学琴满一年了。有一天上课卞老师问我最喜欢听哪首曲子？我脱口而出，说喜欢《致爱丽丝》，这首曲子我确实太爱了。没想到卞老师说："那我现在就给你布置这首曲目吧。但你这次不是用钢琴弹，你要用电子琴演奏。因为你即将要代表芜湖市去参加'宋庆龄杯'全国少儿电子琴大赛，我希望你能够取得好成绩！除了《致爱丽丝》，我另外还给你挑选了两首曲目，一首是勃拉姆斯的《匈牙利舞曲第五号》，一首是《游击队歌》，你有信心吗？"我高兴地直接跳了起来，这简直就是在做梦啊。然而，虽然很开心，但真正练琴我却遇到很多困难，比如手够不到八度，须熟悉电子琴的换音色和换节奏、不习惯电子琴的触键……但卞老师都非常从容地帮我解决了这些问题：老师帮我整首谱子标注主音和关键音，我手小就直接选择弹主音；电子琴换音色要选在有节奏缝隙的时候变换，尤其是《游击队歌》；间奏部分卞老师还特别给我设计了一颗子弹发射的音色按键，而就是这一个个细节的处理，让我一举夺得了芜湖市第一名、安徽省第一名、全国三等奖。这段往事让我记忆犹新，受益终身，也就是从那个时候起，我热爱上了演出，热爱上了舞台，而这一切都离不开恩师对我从小的培养和熏陶。

1985—1997年这12年间，我都跟卞老师学琴。从师大的红房子到凤凰山新的公寓楼，恩师一家人对我都特别的好。我每次去卞老师家上课，只要卞老师还没下课，我坐在客厅等老师，师母就会拿出各种小零食给我吃，卞萌大姐姐只要在家，就会出来摸我的头，还给我起了个绰号叫"小光头"（因为那时我的头发特别短）。卞萌姐姐还经常拉我去她的琴房，让我看她练琴，我也最喜欢看她练琴，感觉她弹得曲子都好难、好有激情、好有张力，每次看完卞萌大姐姐练琴，我就回家面壁，然后暗暗发奋图强。1997年恩师一家人去了北京，我跟随周晓梅教授继续学习钢琴，1998年我以安徽省专业分第一名的成绩考取了安徽师范大学音乐系。可以说没有卞老师就没有今天的我。我小时候学琴不懂事，现在回想起来，再翻看以前的学琴笔记，我认为卞老师无论是打基础、选曲、细节处理，还是心理素质的锻炼，都有着严谨的思维逻辑和教学层次，卞老师当之无愧的是我国杰出的钢琴音乐教育家。

2002年大学毕业时我选择了南下去广州发展，期间也经历过一段时间的迷茫和辗转，但最终还是选择了舞台，选择了音乐。经过多年的努力，我现在担任广东省音协流行钢琴艺术委员会会长、广州市荔湾区音乐家协会主席、珠江艾茉森签约艺术家等职务，主要从事演出行业。

2020年11月18日，惊闻恩师仙逝，万分悲痛，所以决定用一场个人独奏音乐会来纪念我的恩师。2021年2月5日，广州中山纪念堂（3000人大厅），我的个人流行钢琴独奏音乐会，座无虚席，好评如潮。我知道这是恩师在天上保佑着我，我知道恩师那天一定在天堂骄傲地听着他的徒儿演出……演出结束后一些记者访问我，请我谈谈的音乐会大获成功的感想，我说：其实，我只是在以自己的方式缅怀我最敬爱的恩师卞善仪老师。先生千古！

永远爱您的徒儿——项翊

2021年2月27日于广州

啊！我喜欢这个老师

孙一晴

　　2020年11月20日晚上，我收到卞萌老师发来的信息，得知我的恩师卞善仪先生已于11月18日与世长辞，不禁悲从心起。回想上一次见卞先生竟已是3年前，总感觉有些话还没有说完，如鲠在喉。尽管我相信死亡是另一种形式的存在，但是，当一位我牵念且又牵念我的人，真实地从我的生活中永远消失时，我还是禁不住泪流满面，跟随先生学琴的点点滴滴在脑海里一幕幕浮现。

　　我是小学时期拜入卞先生门下，我居住在马鞍山，需要坐火车或者父亲骑摩托车载我去芜湖上课。第一次拜见卞先生，我抱着新奇又忐忑不安的心情跟随着父母坐火车来到芜湖。这也是我第一次来到芜湖这个城市，走进安徽师范大学，满是郁郁葱葱树木的校园，穿过琴房楼长长的走廊，站在卞先生的琴房门口，父母轻声地嘱咐我一会儿见到老师要有礼貌地打招呼，我紧张地抓着衣角一遍又一遍在心里重复要和先生打招呼说的话。琴房门开了，卞老师在屋内笑眯眯地看着我，我心里紧张的情绪一下子就都没有了，"啊！我喜欢这个老师"，就这样开始了我和卞先生的师生之缘。

卞先生为人和蔼可亲，但是也十分严格。记得每次学习新曲，先生总是要先示范弹奏一遍，示范的过程中，先生会时不时要求我指出现在弹奏到琴谱的什么位置，以此来督促我养成专心致志地看谱习惯。当时刚拜入卞先生师门不久，我对于学习新谱有畏难情绪，视谱拖拖拉拉，卞先生便在课堂上与我一同进行视奏。一开始我还是比较抗拒的，因为新谱直接上手弹，就算是单手也有这样那样的问题，加上先生与我同步弹，更是难上加难，压力之大，使我有一次在课堂上还掉了眼泪。卞先生没有说话，只是静静地看着我，等我自己情绪平稳下来后，语重心长地教导我说："碰到困难，不要往后退，要迎难而上。我会帮助你克服这些困难，没有什么可怕的。"这番话对我触动十分大，在拜入卞先生门下之前，我对于老师一直抱有一丝害怕的心情，因为弹得不好会被批评，导致越怕越错，越错越不敢弹。卞先生的这番话帮助我冲破了"越怕越错"的情绪枷锁，有一个"若弹错了，老师会帮助我"的全新认知，这也深深影响到我现在的教学理念。

在卞老师搬去北京之前，我一直跟随先生学习钢琴。先生为人十分善良，因为我是外地学生，学费也一直收得很低，有一些很难买的录音磁带和琴谱先生都非常热心地帮我购买，还带我听过安徽师范大学校内举办的音乐会，坚定了我未来要走音乐这条路的决心。

我进入初中之后，卞先生亦从安师大退休，搬往北京定居，将我托付给了弟子张旭良老师。虽然先生没有亲自教我了，但仍然一直关心着我的学琴状态。进入高中之后，我以将来"成为卞先生那样的良师"为目标决定参加艺考。先生得知我的决定之后，立马帮我安排新的学习计划，我于2003年暑假在先生的安排下，和母亲一同前往北京进行了为期一个半月的弹奏集中训练，当时在北京的住处也是卞先生和卞先生的夫人陈老师帮忙介绍的。卞先生亲自给我上课，同时也把我介绍给了他的女儿、中央音乐学院钢琴系教授卞萌老师。记得在先生丰台的家宅里，实现了我学琴路上的一次"飞跃"。

在这之前，我的弹奏速度始终有道坎跨不过去，但如果要参加艺考，这道坎必跨不可。训练开始时先生给我布置的《解放区的天》也是因为速度的问题总是缺少一丝味道，卞先生便在一个半月的训练中针对我的弱点对症下药，终于使我有了突破。我还记得当时先生帮我打着拍子，我按照音乐速度弹奏了《解放区的天》，一曲弹毕，先生开心地拍手说道："飞起来了，孙一晴也是可以飞起来的！"在先生的帮助，我又一次冲破速度上的枷锁，进入了新的阶段。

先生和陈老师不仅对我的学琴给予了很大帮助，对我们在北京的衣食住行也十分关心。他们会和我的母亲聊饮食营养、天气变化，也总会来电话提醒我注意身体健康、不要生病。

在卞先生一家的帮助下，我以全国总分第一的成绩顺利考入北京师范大学，离自己当初立下的目标更近了一步。大学期间，我也时常去先生家探望他，每次去，先生总是从书房笑眯眯地走出来说："孙一晴来了啊！"然后会掀开钢琴，听我弹一弹最近学习的曲子，和我探讨曲子中的技巧、曲子的思想，听我说一说学校里发生的事情，走的时候也总会给我带上几本书或是几张钢琴录音碟片。对于我来说，卞先生更像是一位亲人，他会关心我的学习，也会关心我的生活，关心我在学校里和同学的关系……我什么事情都可以和先生聊。大学毕业的时候，先生希望我继续留校考研，但当时的我想要出去看看，坚持要出国读研。我还记得那次去先生家里和先生说自己不打算考研，准备出国，先生静静地听我说完，点点头说："出去看看也好，要照顾好自己，学习也要跟上。"这就是家里长辈的口吻。我鼻头一酸，心想出国的话，就不能这样经常来看望先生、和先生聊天了。

我出国之后，所幸每年暑假、寒假都有时间回国。我一回国一定会去北京探望先生一家。先生还是和以前一样，从书房里笑眯眯地走出来说："孙一晴回来了啊！"然后听我弹一弹最近的曲子，聊一聊国内外钢琴教学的差异，叮嘱我要多注意身体健康，仿佛一切都没有变。某天，我突然收到妈妈的微信说卞先生病倒了。我假期回国去探望先生时，先生已躺在床上了，陈老师跟他说："孙一晴来了。"卞先生慢慢抬起手，很费劲地看着我，并用力地握着我的手，仿佛在说："孙一晴回来了啊！"一切都没变，但一切又都变了，一直在叮嘱我要注意身体健康的先生自己病倒了，再也没人会对我说"你最近练了什么曲子呀，弹给我听听"，我还一心想着要和先生商量硕士毕业音乐会的曲目，想邀请先生去听我的毕业音乐会，但是先生的病情已经不允许了。毕业回国之后，我还是定期去探望先生一家，虽然先生已经无法开口同我交谈，但看到先生的面容总归是心里踏实许多。2019年我因家里有事不方便出远门，缺席了一年探望先生，再往后2020年疫情袭来探望先生的计划再次落空，没想来等到的竟是先生千古的噩耗。

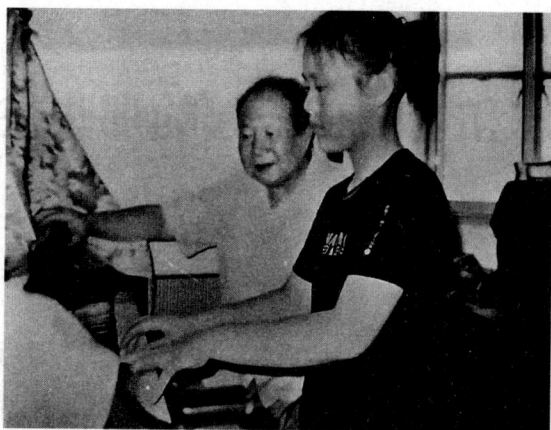

图23　1998年，卞善仪先生给孙一晴上课

　　先生收我为弟子，助我从小城市考入一流学府，见识到更广阔的天地；我也遗憾，大学毕业时没遵从先生的教导继续留在北京考研、工作，这样是不是会有更多的机会近距离聆听先生的教诲。我虽不是先生有辉煌成就的弟子，无法光耀师门，但先生对我的教诲，我每一句都记与心中，我现在在上海也有了自己的学生们，我会像先生待我一般对待他们，希望可以小小告慰先生在天之灵。

　　纸短情长，再多的语言都无法表达对恩师的感恩之情和无限的哀思。

　　卞善仪先生一路走好。

（作者单位：上海柏斯艺术专修学校）

难忘和老师在一起的那些往事

潘鸿泽

2006—2007年，我和我的老师卞善仪教授上了两个学期的钢琴课。能成为卞老师的学生有一些客观的因素，也是因为我们之间有师生的缘分。

当年单位公派我到中央音乐学院进修，学习的科目有钢琴、和声、音乐赏析、中国传统音乐、世界民族音乐、音乐美学、音乐心理学等，其中，只有钢琴这个科目是一对一授课。

我的第一位钢琴老师是一位年轻的博士，他的演奏很有说服力，对乐曲的背景和曲式的讲解也驾轻就熟。我是很佩服他的，但是每当我向老师请教基础钢琴教学的问题，老师会说："练习曲里面包含的教学内容不够丰富，还是好好处理几首乐曲比较好！"老师说的有他的道理，能弹几首有分量的钢琴作品也是我想要的，但是这并不是我来进修钢琴的初衷。我在十几年钢琴基础教学过程中攒下了许多问题，总结起来有200多条，我想以这次进修为契机，找一位教学经验丰富的老师答疑解惑，同时我也有很多教学心得希望能得到老师的认可或点拨。

于是我有了一个想法：和现任钢琴老师上课的同时，再找一位钢琴老师，计划一个星期上两节钢琴课。我有个师弟是很有音乐才华的人，他当年在中央音乐学院负责一摊工作。我向师弟求助，很快师弟那边回话了："你知道卞善仪老师吧？他是卞萌的父亲，曾经在安徽师范大学担任键盘教研室主任，现在退休在家带学生，你要是跟他学我可以引荐。"

我早知道卞善仪老师的名字，而且在自己的钢琴教学中已经用过他编写的教材，如《车尔尼少年钢琴家基训手册(170首天天练)》和《钢琴全面训练基础教程》。我尤其赞同卞老师在《钢琴全面训练基础教程》中"每类曲目分级，每级曲目分类，每级每类又定量"的教学原则。

从东北到北京路途遥远，我精挑细选十几本书带到学校，《钢琴全面训练基础教程》的前两册也在其中。我当时刚刚开始研究这套教程，这回能面对面得到作者的指点对我来讲是一份惊喜。这些年和卞老师神交已久，能拜在他老人家门下真是求之不得，也是缘分使然！

"小潘，你是怎么教的？"这句话是老师给我上课的开场白，他的意思是问我，自己带学生时是怎么教的。老师说话是有一些口音的，他的教学的"教"是四声，我现在还记得当时老师给我上课时的音调。老师让我讲我就讲，这也正是我想要的，我要印证一下我的教学理念哪里可取、哪里要摒弃、哪里需要完善。于是，我的钢琴课通常是我一边讲自己的想法，一边弹给老师看。老师如果同意就点点头，要是有异议就让我停下来，为我指出问题并设计整改方案。就这样我们师生之间在教与学上达成了默契，这种授课方式充分发挥了我的主动性，从而大大提高了我学习的效率。

图24　潘鸿泽与卞老师上课之后的留影

　　我向老师请教以和弦技巧为主的钢琴练习曲，侧重点在于如何将和弦弹深、弹整齐、弹响亮。老师提示我，在目前的基础上还要对和弦音的音量有所控制，也就是通过手指细微的力度来调节，有意识地突出某一声部并将其他声部的音符控制在中等或较弱的音量上。

　　老师曾问我，平时教学生都使用哪些作曲家的作品，我说介绍学生弹过巴赫、贝多芬、莫扎特、海顿的作品。老师又问我是否弹过斯卡拉蒂的作品，我说没涉猎过，于是老师给我找了一本斯卡拉蒂的曲谱让我复印，并为我介绍了斯卡拉蒂在钢琴艺术史中的重要地位。

　　后来我在对音乐史的进一步研究中才知道，斯卡拉蒂的钢琴技术是超越他那个时代的，甚至可以和浪漫时期的李斯特相媲美，因而，在钢琴教学中，斯卡拉蒂的作品不应该被忽视，反而应该是必不可少的。

关于音乐的风格问题，老师的教诲也让我终身受益。记得当时我向老师请教一首钢琴考级教材中四级的俄罗斯作品。老师问我这首作品的风格是什么？现在回想起来，我的回答一定是不尽人意的。后来老师给我讲解了俄罗斯学派的风格特点，并建议我回去查阅作者所处的时代背景、生活履历和创作特点等相关资料。当我把这些"案头工作"完成后再次演绎这首作品时，就真正做到了有的放矢、忠实原作。

现在我钢琴教学中的理念，有相当一部分是直接引用了老师的理念，还有一部分是在老师的理念下进行的自我推演。

老师给我上课是不严格计时的，只要有问题没处理完，即使已经到下课时间了，老师也会问我下课后是否还有事要办。如果我没事，老师就会继续上一会儿课，直到问题解决为止。为了不让老师太累，我通常把需要自己讲述的内容尽量规范完善，另外尽可能在上半节课就向老师提出本次课程相关的问题。不然每当我问老师一个问题，老师就会从技术讲到情感，从情感讲到风格，从风格讲到学派，以口述的形式讲一篇论文给我。虽然上课超时的起因在于我本人问题较多，可关键还在于老师博学多闻并敬业！

在我的印象中卞老师是一个和蔼可亲的人。记得老师在上课前会沏一杯茶水，他把茶叶倒在手掌心，然后放进一个大搪瓷缸子里。待茶沏好后，我示意老师哪里有水杯，我来给他倒茶，老师示意我他的专属茶杯已经有水了，并对我说："你就用这个杯喝水吧。"原来这整个搪瓷缸子的茶水都是给我的！老师知道我在写书、写论文，每周还要乘火车往返到东北上两天课。他跟我说："年轻也要注意身体，不要太辛苦了。"有一次我去老师家上课有事耽搁了，我给老师打电话说要迟到，老师在电话里说："你不要太着急哦！"我是一个很尊重老师的人，如果老师给我打电话时我坐着，我会马上站起来回答老师的话，所以迟到对我来说有一种"如芒在背"的感觉，老师的一句宽慰的话让我心安了许多。如今我的学生也会打电话给我说要迟到了，我也会跟他说："不要太着急，注意安全哦！"

　　一年的进修生活是短暂的，我感觉很多学科都是刚刚学到精彩之处戛然而止。比如，《音乐美学》课程中老师讲到道家鼻祖老子"大音希声"的音乐境界，课后我在教学楼前的篮球场上徘徊了好久，体会其中内涵的过程中渐渐平复自己激动的心情；《音乐心理学》老师讲作曲家最先对音乐达到审美饱和，所以有些伟大的作品在刚问世的时候并不被当时的人们接受；《音乐赏析》课中老师讲到的音乐与美术及其他艺术，乃至宗教之间千丝万缕的联系……这些学科的知识开阔了我的视野，解决了我关于音乐的很多疑难，同时也引起了我对这些音乐学科的兴趣，为以后的自学打下了一定基础，并指引了我努力的方向。

　　2006—2007年短暂的一年也是收获颇丰的一年，其中最大的收获是我将顺了钢琴基础教学的整体脉络，这得益于卞老师的悉心教诲。另外，通过和老师的相处，我体会到了师与生之间应有的关系，也使得我对自己的学生付出更多的爱心、耐心和宽容。

2007年我进修结束回单位上班，2008年再次回到鲍家街43号卞老师家探望，当时只有他的女儿卞萌老师一个人在家，我带着女儿站在门口，卞萌笑盈盈地开门。我说："这是我女儿。"然后又转过头对女儿说："快和钢琴家握握手，问老师好！"当时女儿也就八九岁，后来女儿高一的时候，经师母介绍成了卞萌教授的学生。

几年以后，我带着爱人到北京奥运村林翠路的住所探望老师，当时老师已经生病了。近些年来老师的病情日趋严重，我打电话过去，都是师母或是卞萌接听，也再没能见到老师一面。接到老师去世的消息，已经是他老人家去世当天的傍晚，没能送老师最后一程，我感到万分遗憾！这些天闲暇的时候，和老师在一起时的往事总会浮现在我的面前，这些难忘的往事也催促我为老师写点什么，以寄托我对老师的感恩与思念！

2021年2月16日

（作者单位：东北石油大学艺术学院）

我人生航程中的导航仪

——爸爸永远活在我心中

卞　钢

　　我出生在音乐家庭，小时候受到音乐熏陶，爸爸是安庆师范学校的音乐教师，妈妈是一位音乐爱好者。我家有一台钢琴，姐姐比我大3岁，先学了钢琴。当姐姐在家练习钢琴时，我在一旁边玩边听，一些音乐也听熟了、会唱了。令父母很诧异的是，我的耳朵和姐姐一样也是固定音高。家庭中的耳濡目染和环境的熏陶伴随我成长，家中不光有琴声，还经常飘逸出优美的歌声，我边唱边指挥，这对耳朵的音准和内心的节奏感有了无形训练。当我很小的时候，安庆戏校借安庆师院的教室招生，考学生的听音我都准确地听出并讲对了！有时，当人们敲碗、敲钟，汽笛声，我都能听出是什么音高。但我想，这并不说明我有什么过人之处，也不能说考生有多差，而是我受环境熏陶、耳濡目染的结果，或者叫"近水楼台先得月"。

　　小时候，我家住在一个原是花房的房子里，独门独户，房屋的西面有一个椭圆形的小池塘，塘内长满了水草，塘的周边还栽了许多参差不齐的垂柳。住房前面有4个篮球场大的空地,空地处,除了冬季,其余三季都会披上绿色的草坪。一到夏天,草坪上还长出五颜六色的野花。这种富有诗意之地,不仅蝴蝶、蜻蜓、鸟雀喜欢,我也非常喜欢。我经常穿着短裤、汗衫在花草中穿梭奔跑,汗流浃背。记得有一次,我生病在家,父母从街上给我买来刚出生的小鸡、小鸭、小鹅,让我养着玩,爸爸还在住房边上砌了一个小鸡窝。我喜欢在下雨前用小棍子打或抓蜻蜓给鸡吃,我们常常看鸭子们划水,让小鹅排队去吃草。这种田园生活,实在令人难忘!

我5岁上安庆师范的家属幼儿园时,有一个好友,她是邻居家的小孩吴艳,小名叫"福妹子",比我大10天,我们常常一起上台演奏钢琴四手联弹。

图25 卞钢和吴艳1974年演奏四手联弹

那时，我俩都在我家弹琴，两人练习同样的曲子，要是有人多练了一首，另一个人就会说："怎么多练了一首了？"就这样，在一种友好又有竞争的气氛中，我开始了钢琴学习。1980年我们全家搬到了芜湖，不久，福妹子全家也搬到了离上海既近又是大家向往的宜居之地——苏州。再后来福妹子又到美国留学，硕士毕业时，还寄来了一张照片。

当我上小学时，投入到文化课的学习中，但钢琴仍一直带着练习。当时，经常听说数学大师陈景润，将要摘到数学皇冠上的明珠了，我很崇拜他。我妈妈也调到安庆二中担任数学教师，我对数理化充满了好奇，也很喜欢这些充满逻辑思维的课程，而且我的数学成绩在班上总是名列前茅。小学快毕业时，由于父母工作调动到安徽师大，我也随父母将户口转到芜湖市。当我们准备搬家时，教我数学的任老师在小升初的报名册上没看到我的名字，就责问我妈："为什么报名表上没有卞钢？"妈妈说："户口转走了，不能报名。"任老师说："我帮他报，但你一定要来考，要不，我白教了这么多年！"妈妈说："好的，一定去考。"最后，我考上了老师期望的学校——安庆市重点"九一六中学"。后来到芜湖，我又一次参加了小升初的考试，也很顺利地考上了安徽师范大学的附中。3年后，我又顺利地升入高中部，这期间我的理科一直很好，学校还准备派我到芜湖市参加奥赛，此前全市数学好的学生都要先到芜湖市一中集训。学校为了鼓励大家参赛，为校争光，还每人发了一份早餐费。有一天，一起参赛的同学邢刚邀我一起到一中去听讲座，我说："你去吧，我不去了。"我妈知道情况后气坏了，大发雷霆："为什么领了早餐费不去听课？"我爸也在一旁助威说："不学无术的东西！"其实，他们哪里知道，我脑海里一直想着如何学好钢琴呢！尽管如此，经过努力，我还是顺利地考上了安徽师范大学物理系。

在大学本科时，我除了完成学校里的正式课程，还是喜欢音乐。爸爸教学生时，我就在隔壁听课，真是"隔墙有耳"。他不赞成我既学物理又学音乐，总是泼冷水说："不要做万金油！"那时，姐姐在上海音乐学院读书，每年寒暑假，等姐姐从上海回来，我就向她请教。她每次都给我写上长长的练习用的曲目单，我就自己找到乐谱练习。我把姐姐写的作业和爸爸教学生的曲目，都找录音听，边弹边看些音乐史书籍里的介绍，家里和学校图书馆里的各种音乐书都被我翻遍了。我把乐曲都搞得很熟，对音乐史上的很多著名作曲家和钢琴家的生平事迹也都了如指掌。虽然爸爸不给我上课，但他会不时地来指教我，看到我的触键不合理，他会说："要放松！"听到有弹错的地方，他会叫嚷："有错音！要看升降号，要数拍子……"当他高兴时，也会找磁带或唱片放给我听听。

在20世纪80年代，改革开放之初，大陆引进了台湾歌星邓丽君的音像，在我正读大学的校园青年学生中争相传播，我也被邓丽君的优美歌声吸引，买来她的歌曲磁带听。爸爸作为音乐界"权威"这时发话："这是靡靡之音，最好不要听。"他对后来引进的法国钢琴王子克莱德曼也不屑一顾，"那只是流行音乐，还是学学'经典'吧"。父亲对流行音乐的态度，源于他的正统专业思想，他认为流行音乐只能盛行一时，不能算作有价值的艺术之列，尽管到后来他有少许改变，比如，也给学生挑选一点克莱德曼的作品弹奏。

父亲对待学生的态度是一视同仁，多年的教学经验，使他对学生才能的高低望而便知。他对一些才能弱低、反应慢，但有规律来上课、学习执着的学生，更喜欢，因为这些学生往往能风雨无阻来上课，能按时完成作业。这种有规律的学习，每次前进一点点，一般都能打下比较扎实的基础。

他的教育思想来自祖国的先贤们，如孔子的"有教无类"，还在于他"人人平等"的思想。他甚至教过"五音不全"的学生，我亲耳听见他很耐心地给学生找寻适当的教材，并给予各种方法指导。比如：每次钢琴课后，还要布置几首视唱让学生带回家练习，要求边弹边唱，还介绍调律师把学生家的钢琴调准，等等。最后，这些学生都在音乐能力上有了不同程度的提高。还有的被其他教师认定为"不能学音乐的人"，经过他的一番调理，有的人竟然也考上了大学的音乐专业，后来还当上了音乐教师。他的这番耐心与执着，对事业知难而上的精神，使他这位在教育领域耕耘的"牛"（爸爸属牛）取得了丰硕的成果，桃李满天下，他也因此而乐在其中。

承蒙上天的恩赐，我后来越来越喜欢弹琴了。上大学时，我一有空就练琴。突然，有一天，我发现自己拿到一个新的乐曲时，看着新谱很快就能双手自如流畅地弹奏了，这给了我很大的信心！我确信自己已经具有弹奏的能力。由于我练钢琴的时间增多了，不能常常占用家里唯一的钢琴，父母就又专门给我买了一台新的珠江钢琴放在我的卧室，这样我就可以不受限制地练琴了。

有一天，妈妈下班刚回家，爸爸就气愤地对妈妈说："你可知道，今天卞钢在家连续不断地练琴达到了4个多小时！"妈妈说："他在家练琴，又不是在外干坏事，为什么要生气？"爸爸无语了。我总是想着练琴，有时上数学课都忘了，在大学四年级第一学期结束时，我妈收到了我的成绩单，我这位曾经的"数学尖子"，终于数学不及格了！妈妈接到这个破天荒的消息，气哭了！当时，我也不知所措，妈妈说："你就继续弹琴吧！但哪个学校要你呢？"我说："没关系，我会补考的，很快就要拿到理科学位证书了，到时再说。"毕业在即，我补考成功，拿到了学位证书。接着，我又全力以赴加紧练琴。大学毕业后，我分到了马鞍山文工团，当了一名演奏员，担任团里的伴奏。

本来爸爸说我可以考他的研究生。但我想，我是物理系毕业的，若真的考上了爸爸的研究生，大家会这样认为我：音乐专业一点儿也没学，居然也能考上艺术系的硕士生，要么考题容易，要么是被照顾的。为了避免嫌疑，我决定不考爸爸的研究生。我必须用实际行动来证明自己的实力。

在此，我还想说说，我为什么理科学得好好的，却突然改学音乐呢？关于这个问题，已有很多古今中外的前辈为我树立了榜样，如：柴科夫斯基、舒曼、李嘉禄等。

自从人类诞生于这个蔚蓝色的星球，音乐与数学就已经根植于人类的大脑，成为人类认识和探索浩瀚宇宙的有力武器。在这个世界上，由于人类的语言千奇百怪，难以交流，唯有音乐和数学，无论来自地球哪个角落的人们，总是可以心领神会的。在人类文明的进程中，音乐与数学几乎同时诞生，并且相互渗透，音乐与数学的关系如此密切，共同为人类开启了智慧之门。正如伟大物理学家爱因斯坦的话：这个世界是由音乐的音符组成的，也是由数学公式组成的，音符加数学公式就是真正完整世界。由于前辈为我树立了榜样，加上自己兴趣使然，从学理科转学文科，成为我久有的心愿。而数学与音乐绝对是相互渗透的，我学了数学再学音乐，并未感到有不通畅之处，况且理科转文科已有很多的先例。我虽没有什么大能耐，但我很想尝试一下，毕竟多学一门学科，只有好处，没有坏处，将来也可尽自己的微薄之力为人类社会多做一点贡献。

于是，我就和爸爸商量，请他帮我找一位和声老师和一位钢琴主科老师，每周给我各上一次课，以提高我的伴奏能力和演奏技巧。当时，我大学毕业已参加工作了，也有了一份收入，老师的授课费我可以自己支付。爸爸每天上课很辛苦，我想为他减轻负担，这也是我的责任。爸爸曾经总是对我说："好男儿志在四方，长大后，一定要独立自主，自力更生。"爸爸的话我会永记心中，并传承给后代。让父辈的精神像接力棒，永远代代相传。

经爸爸介绍，我在工作之余，跟安徽师范大学的朱予老师学习和声，这给我在文工团的伴奏工作以直接的帮助。朱予老师是上海音乐学院作曲系毕业的，我在朱老师那里系统地学习了理论和声及钢琴即兴伴奏。我同时跟南京师范大学的郭惠英老师学习钢琴，郭老师是位和蔼可亲的人，教给我一些有用的方法和新的曲目。我每周都去上课，这样，持续了3年。

1996年我报考了上海师范大学的硕士研究生，被录取为音乐教育钢琴专业硕士，很荣幸地跟随金声老师学习了3年。金声老师是沈阳音乐学院金石老师的弟弟、一位文质彬彬的学者、杰出的钢琴教育家。他给予了我很多鼓励，多年的教学经验，使他能带给学生很多艺术灵感，关于上台弹奏，他也给予我很多忠告。毕业音乐会时，我演奏了巴赫的《半音阶幻想曲与赋格》、贝多芬的《热情奏鸣曲》、李斯特的《第一钢琴协奏曲》、米约的双钢琴《胆小鬼组曲》等作品，当时的钢琴协奏是金铭真同学。

我毕业后，在美丽的海南大学工作了几个月，后来又到北京师范大学音乐系担任钢琴教师直至现在。有一次，我北师大的学生徐黎星要参加教育部举办的全国高等院校大学生音乐专业五项全能基本功比赛。我向父亲征求意见，因为他积累的资料多，看选哪几首中国作品比较合适？父亲推荐了汪立三先生的《G角调：民间玩具》（选自《他山集》的五首序曲与赋格），并把乐谱和录音找来给我。我把乐曲布置给学生，两个月后，学生在比赛中获得了高校钢琴组的演奏第一名，那是大约2006年的事了。我想，专业上的事，只要有爸爸这个导航仪，我就能顺利前行，不会迷航。

2021年4月4日清明节那天，爸爸离开家去天国已有138天了，我们全家都非常想念他。为此，我开车携全家并带了爸爸平时喜欢吃的糕点及水果，去祭拜他。这天祭拜的人较多，车不准开到山上，我们只得扶着妈妈缓缓走上去。墓地管理得很好，较干净，空气也很清爽。我们上次带来的菊花已干枯，还摆在石桌上，小晴见墓碑和石桌上有些灰尘，于是就带着宝宝转到墓碑后面的地势较高处擦拭；碑前地势低，只有长臂的我才能够得着，这活必须归我。大家很快将碑和石桌都擦得干干净净，然后摆好碟子、放上贡品。妈妈特地带了酒，爸爸不会喝酒，但这酒的度数低，是补酒并带甜味，我想爸爸会喜欢喝的。全家每人都给爸爸敬了一杯酒，小晴边敬边说："爸爸，您有什么事要我做的，或需要什么，只要托个梦来，我一定给您办到。"

尽管岁月催人老，但不老的永远是亲情。无论我身处何境，身在何地，亲人永远是我的最坚实的精神支柱，最深厚的感情寄托。爸爸，您是我茁壮成长的阳光和水，是我黑暗中的指路灯，是我人生航程中的导航仪，您的恩情无以回报。我现在只能做好自己的工作，望您在天国为我祝福。爸爸对我几十年如一日的教养之恩，重于泰山，浓于热血，激励我在人生的旅途中，堂堂正正做人，勤勉严谨做事。

敬爱的爸爸，请您放心！我们姐弟会尽全力去完成您最后的心愿。我们共同向您承诺：会更加尊重与关爱妈妈，让她能幸福地安享晚年，让她为嫁给您这样的丈夫而终身无悔；我们姐弟会更加珍惜骨肉亲情，相互扶持共进；我们会更加勤奋认真地工作，更加诚恳坦荡地为人处事；我一定会精心教育您的孙辈，让他能真正拥有正直的人格和高尚的灵魂，真正成为社会的有用之人，让我们的家族精神代代相传，生生不息！我们全家计划：每年的清明节、中元节、寒衣节、重阳节等节日，都会来看您，您一点儿也不会孤单的。

亲爱的爸爸，愿您的灵魂在天国安息！我们会深深惦念您，直到永远！

图26　2001年全家宴请"人民艺术家"穆里娜（从左到右：卞钢、卞萌、穆里娜、陈贵苗、卞善仪）

（作者单位：北京师范大学艺术与传媒学院）

念 师 恩

费 翔曲

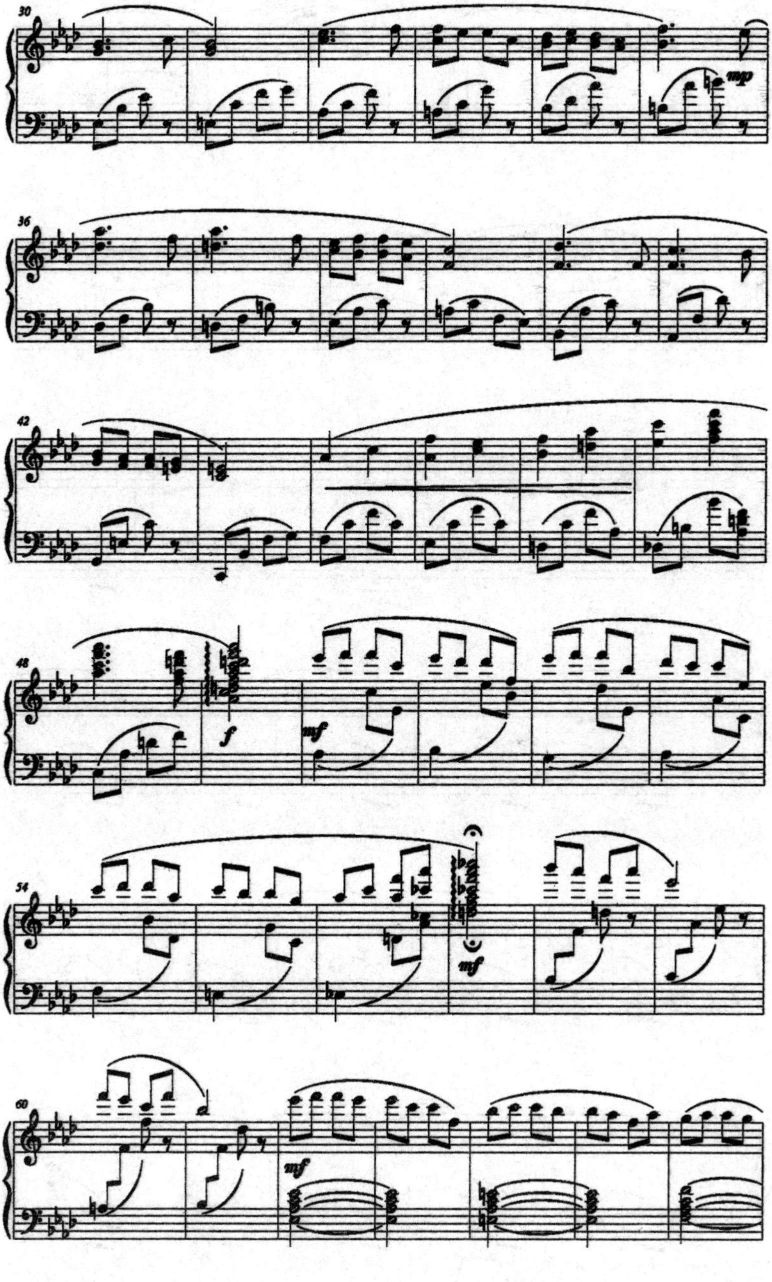
30
mp
36
42
48
f
mf
54
mf
60
mf

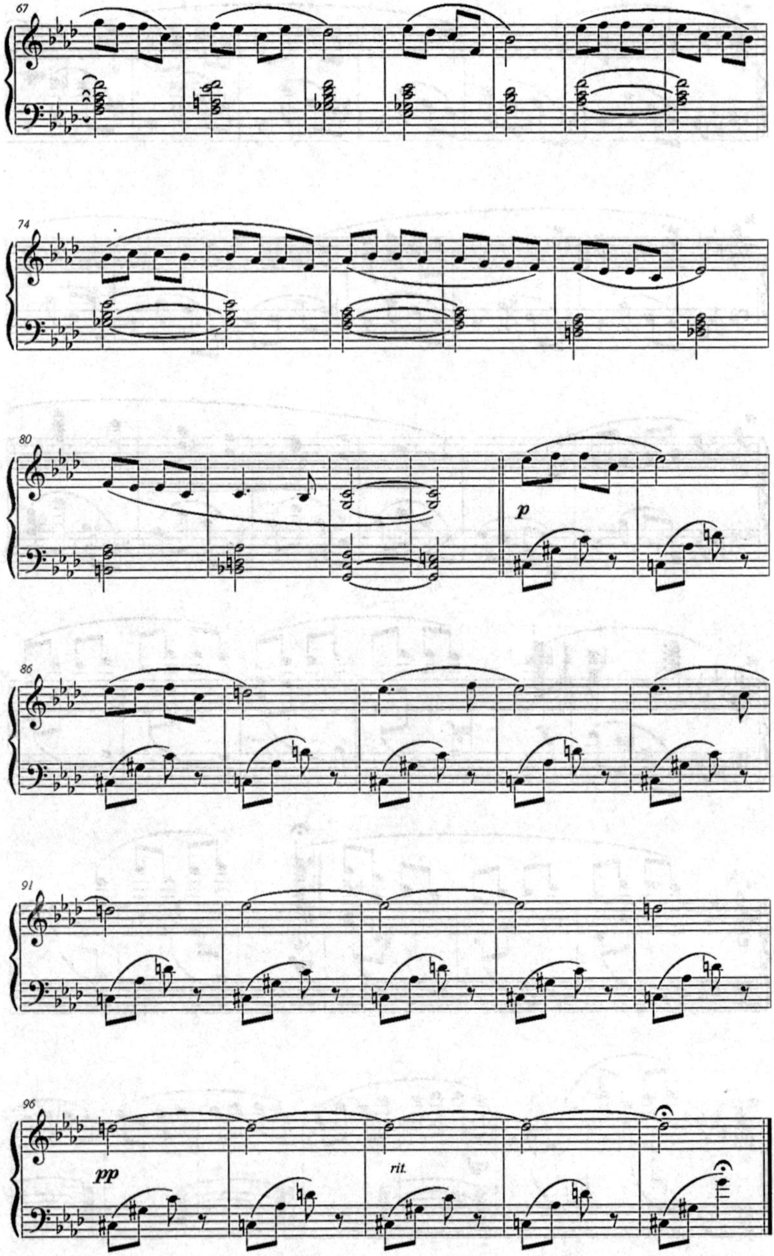
67
74
80
p
86
91
96
pp
rit.

怀 师 曲

陈 卉曲

114

115

附录 卞善仪先生主要作品与学术成果目录

类别或著作方式	名称	发表地点	时间
儿童歌曲创作	《雪花》	《创作歌曲集》，安徽文艺出版社	1958年
男声独唱创作	《红辣椒》	《乐坛》	1982年11期
儿童歌曲创作	《小金鱼》	《乐坛》	1982年12期
编著	《歌曲伴奏钢琴配弹基础》（3册）	安徽师范大学内部教学资料	1984年
编著	《雅马哈便携式电子琴教材》	安徽师范大学内部教学资料	1985年
日文翻译	《欧洲音乐史简明一览表》（市川原著）	《乐坛》杂志号外	1985年
与胡震合编	《简谱电子琴自学教程》	安徽文艺出版社	1991年

类别或著作方式	名称	发表地点	时间
手稿	《钢琴学术研究资料集成——专供音乐教育专业钢琴硕士生使用》，包括《钢琴及其历史研究》《钢琴音乐作品及历史研究》《钢琴演奏艺术及演奏史研究》《钢琴教育、教材教法研究》	安徽师范大学内部教学资料	1988—1996年
注释	《车尔尼25首钢琴小手练习曲Op.748》（实用教学版）	安徽文艺出版社；人民音乐出版社	1992年首版；2008年再版
论文	《苏俄钢琴学派渊源》	《中国音乐学》	1994年3期
文章	《苏联的钢琴才能教育》	《音乐学术信息第六期》，中国艺术研究院音乐研究所	1994年
论文	《谈车尔尼的历史贡献及其钢琴练习曲作品》	《钢琴艺术》	1996年1期
论文	《苏联特殊音乐学校钢琴才能教育初探》	《人民音乐》	1996年2期
文章	《一个尚待开发的新兴园地》	《钢琴艺术》	1996年3期
俄文翻译	《中国钢琴文化之形成与发展》（卞萌著）	华乐出版社	1996年

类别或著作方式	名称	发表地点	时间
编注	《车尔尼钢琴练习曲选集》(上下册)	人民音乐出版社	1997年
注释	《车尔尼100首初级钢琴乐曲集Op.750》	安徽文艺出版社	1998年
注释	《车尔尼钢琴每日练习四十课Op.337》	安徽文艺出版社	1998年
编注	《车尔尼少年钢琴家基训手册(170首天天练)》	人民音乐出版社	1998年
与卞萌合编	《钢琴基础教程》(3册)	中国广播电视出版社	2001年
与卞萌合编	《钢琴全面训练基础教程》(6册)	浙江文艺出版社	2004年

图27　乐谱封面1

图28　乐谱封面2

编后记

　　这本文集，凝聚了部分学生对恩师卞善仪先生的追忆，收集出版以示纪念。两首怀念乐曲也是老卞老师曾经的学生所作。

　　文集的出版，要感谢中央音乐学院出版社及社长张伯瑜先生的支持，感谢王凤岐先生、何少英先生给予文字修订的建议，感谢贺俊峰先生的乐谱排版。文集的出版，也凝聚了编辑邢媛媛老师的辛勤劳动与汗水。在此，一并感谢！

编者

2021年3月